Liselotte von der Pfalz

Karin Feuerstein-Praßer

Liselotte von der Pfalz

Ein Leben am Hof Ludwigs XIV.

Verlag Friedrich Pustet
Regensburg

Covermotiv: Liselotte von der Pfalz als Diana,
Öl auf Leinwand, um 1670 (akg-images)

Bibliografische Information der Deutschen Nationalbibliothek
Die Deutsche Nationalbibliothek verzeichnet diese Publikation
in der Deutschen Nationalbibliografie; detaillierte bibliografische
Daten sind im Internet über https://dnb.dnb.de abrufbar.

3. Auflage 2023

Gutenbergstraße 8 | 93051 Regensburg
Tel. 0941/920220 | verlag@pustet.de

ISBN 978-3-7917-2790-5
Umschlaggestaltung: Heike Jörss, Regensburg
Satz: Vollnhals Fotosatz, Neustadt a. d. Donau
Druck und Bindung: Friedrich Pustet, Regensburg
Printed in Germany 2023

eISBN 978-3-7917-6087-2 (epub)

Unser gesamtes Programm finden Sie unter
www.verlag-pustet.de

Inhalt

Vorwort

Dass man sich noch heute für die Tochter eines pfälzischen Kurfürsten aus dem 17. Jahrhundert interessiert, mag vielleicht ungewöhnlich erscheinen. Schließlich erging es Liselotte von der Pfalz nicht viel anders als zahllosen anderen Prinzessinnen. Sie wurde gegen ihren Willen – tatsächlich hat man sie noch nicht einmal gefragt – mit einem Mann verheiratet, den sie noch nie zuvor gesehen hatte. Wie nicht anders zu erwarten, wurde die Ehe wenig glücklich, auch wenn drei Kinder aus ihr hervorgingen. Vermutlich wäre Liselotte nach ihrem Tod bald in Vergessenheit geraten, hätte die muntere Pfälzerin nicht selbst dafür gesorgt, dass sich die Nachwelt an sie erinnerte: Als emsige Briefschreiberin, die Tag für Tag seitenlange Briefe an ihre deutsche Verwandtschaft schickte, hat sich Liselotte selbst ein bleibendes Denkmal gesetzt. Von den schätzungsweise mehr als 20 000 Briefen sind heute noch 4000 bis 6000 vorhanden. Sie erhalten nicht nur aufschlussreiche Informationen über ihr eigenes Leben; Liselotte berichtete auch ebenso lebhaft wie detailliert vom turbulenten Treiben am Hof des französischen Königs Ludwig XIV., an dem sie 50 ihrer 70 Lebensjahre verbracht hat.

Mit 19 Jahren heiratete sie Philipp von Orléans, den mit 30 Jahren verwitweten Bruder des Sonnenkönigs. Damit kam die bodenständige Heidelbergerin in eine völlig neue Welt, die von höfischer Etikette, Glanz und Glamour ebenso geprägt war wie von Missgunst und Intrigen. Ihr Gemahl mochte anfangs ein gewisses Interesse geheuchelt haben, tatsächlich galten seine sexuellen Neigungen aber gut aussehenden Männern. Trotzdem musste er seine ehelichen Pflichten erfüllen, denn die Sicherstellung der Thronfolge war der einzige Sinn und Zweck dieser Verbindung. Ludwig XIV. selbst hatte nur einen einzigen Sohn, der das Kindesalter überlebt hatte.

In den ersten Jahren fühlte sich Liselotte am französischen Hof noch ganz wohl und nahm vieles amüsiert zur Kenntnis: die frivole

Hofgesellschaft, mit einem schier lückenlosen Unterhaltungsprogramm bei Laune gehalten, die teilweise absurden Modetrends, die extravagante französische Küche, Hochzeiten, Todesfälle, aber auch Streit und Gemeinheiten. Damals stand sie hoch in der Gunst des Königs, der seine robuste deutsche Schwägerin mit ihrer erfrischenden und ungekünstelten Art gleich ins Herz geschlossen hatte. Doch dann geriet auch Liselotte in das Mahlwerk höfischer Intrigen, was sie auf Weiteres zur Außenseiterin machte.

In ihren Briefen an die deutsche Verwandtschaft, die sie mit verblüffender Ehrlichkeit schrieb, ist all das detailliert nachzulesen. Liselottes wichtigste Korrespondenzpartnerin war ihre Tante Sophie von Hannover, in frühen Jahren gleichsam ihre Pflegemutter, später engste Vertraute und Seelenverwandte, von der sie allezeit Verständnis für ihre Sorgen und Probleme, aber auch Trost und Aufmunterung erwarten konnte. Dass Liselottes Briefe so lesenswert sind, liegt vor allem daran, dass sie sich keinerlei Zurückhaltung auferlegte, sondern „frisch von der Leber weg" alles niederschrieb, was sie bedrückte oder belustigte. So entstand ein buntes und lebendiges Panorama, das sie zu einer wichtigen Chronistin der Ära des Sonnenkönigs machte.

Nichts kann Liselotte von der Pfalz so gut charakterisieren wie ihre eigenen Briefe. Deshalb wird sie in diesem Buch auch selbst oft zu Wort kommen. Um den Lesefluss nicht zu hemmen, wurden die meisten Briefzitate sprachlich und/oder orthografisch unserer modernen Sprache angepasst, sofern sie nicht ohnehin aus dem Französischen übersetzt wurden.

„Die glücklichste Zeit meines Lebens“ –

Liselottes Kindheit und Jugendjahre

Endlich war das große Sterben vorbei, nachdem der Westfälische Frieden von Münster und Osnabrück 1648 den Dreißigjährigen Krieg beendet hatte. Dieser Krieg hatte vor allem im deutschen Raum fürchterlich gewütet und manche Landstriche regelrecht entvölkert, teils durch marodierende Soldaten, aber ebenso durch verheerende Seuchen wie Typhus, Pest und Cholera.

Auch die kurfürstliche Pfalzgrafschaft bei Rhein war durch die langjährigen Kampfhandlungen schwer in Mitleidenschaft gezogen worden. Kurfürst Karl Ludwig (1617–1680), der erst im Oktober 1649 ins Heidelberger Schloss einziehen konnte, hatte daher alle Hände voll zu tun, um sein verwüstetes und entvölkertes Land wieder aufzubauen. Als er im Jahr darauf Charlotte von Hessen-Kassel (1627–1686) heiratete, schienen zumindest in privater Hinsicht die Weichen für eine bessere Zukunft gestellt. Nachdem 1651 Stammhalter Karl das Licht der Welt erblickt hatte, wurde dem kurfürstlichen Paar am 27. Mai 1652 eine Tochter geboren, die man auf den Namen Elisabeth Charlotte taufte. Im Familienkreis wurde die Kleine allerdings nur Liselotte genannt und unter diesem Namen ist sie auch in die Geschichte eingegangen: Liselotte von der Pfalz.*

* Damals gab es noch eine weitere gebürtige Pfälzerin, die den gleichen Namen trug: Die Schwester von Karl Ludwigs Vater Friedrich V., Elisabeth Charlotte von der Pfalz (1597–1660), war mit dem Kurfürsten von Brandenburg verheiratet und die Mutter des Großen Kurfürsten Friedrich Wilhelm (1620–1688).

Heidelberg, Prag, London – Liselottes illustre Vorfahren

Dass man noch im 21. Jahrhundert von der Heidelberger Prinzessin sprechen würde, war freilich nicht zu erwarten gewesen – schließlich gehörte das kleine pfälzische Kurfürstentum nicht gerade zu den „Global Playern“, die das Weltgeschehen bestimmten. Im Deutschen Reich allerdings spielte die Pfalz durchaus eine gewichtige Rolle. Die Pfalzgrafschaft bei Rhein, die sich im 13. Jahrhundert konsolidiert hatte, wurde 1356 durch die Bestimmungen der Goldenen Bulle zum Kurfürstentum ernannt, wodurch ihre Herrscher eine Stimme bei der Wahl des deutschen Königs erhielten. Damit gehörte die Pfalz immerhin zu den wichtigsten Mächten im Südwesten des Deutschen Reiches. Nachdem die Pfalzgrafen anfangs aus unterschiedlichen Häusern wie dem der Staufer oder dem der Welfen gekommen waren, wurden 1214 die Wittelsbacher mit der Pfalzgrafschaft bei Rhein belehnt, wobei durch Erbteilungen verschiedene Linien zum Zuge kamen. Seit 1559 stammten die Kurfürsten aus dem Hause Pfalz-Simmern, dem auch Liselotte angehörte.

Damals begannen religiöse Auseinandersetzungen die Geschichte des Kurfürstentums zu überlagern. Zwar hatte der Augsburger Religionsfrieden 1555 mit seiner Devise *cuius regio eius religio* die Regelung getroffen, dass sich die Konfession der Untertanen nach der des Herrschers zu richten hatte. Doch das konnte weder Katholiken noch Protestanten wirklich befriedigen. Im Gegenteil: Die Fronten begannen sich weiter zu verhärten, zumal nun die katholische Kirche mit der Gegenreformation versuchte, verlorenes Profil zurückzugewinnen. Doch auch die Protestanten machten mobil. Unter der Führung von Liselottes Urgroßvater, des pfälzischen Kurfürsten Friedrich IV. (1574–1610), wurde 1608 die Protestantische Union gegründet, eine politische Vereinigung, die sich gegen die katholische Übermacht des Kaisers und seiner Parteigänger richtete.

Die Pfalz stand in der konfessionellen Auseinandersetzung schon deshalb an vorderster Front, weil sich hier 1562 der Calvinismus durchgesetzt hatte, also jene Variante des Protestantismus, die nicht Martin Luther folgte, sondern den Ideen des Genfer Reformators

Johannes Calvin (1509–1564). Im Gegensatz zu Luther erklärte dieser das Abendmahl in zweierlei Gestalt zu einem lediglich symbolischen Akt und negierte die Realpräsenz, also die Umwandlung von Hostie und Wein in Leib und Blut Christi. Im Mittelpunkt seiner Lehre aber stand die Prädestination, die göttliche Vorherbestimmung, ob ein Mensch zur ewigen Seligkeit bestimmt oder der Verdammung preisgegeben wurde. Im Rahmen der Protestantischen Union spielte der Calvinismus allerdings eine eher politische Rolle.

Nach dem Tod Friedrichs IV. 1610 folgte ihm sein erst 14-jähriger Sohn als der fünfte dieses Namens auf den kurfürstlichen Thron und übernahm auch die Führung der Union – eine Aufgabe, die den jungen, unerfahrenen Pfälzer zwangsläufig überfordern musste, zumal der religionspolitische Konflikt sich unterdessen weiter verschärft hatte: Der Gründung der Union war nur wenig später die Konstituierung der Katholischen Liga unter der Führung Bayerns gefolgt. Und die präsentierte sich ungleich stärker als das protestantische Bündnis.

Den Mitgliedern der Union schien es daher ratsam, sich in Form ausländischer Bündnispartner Verstärkung zu suchen, entweder in den Niederlanden oder jenseits des Ärmelkanals. Die Wahl fiel auf England, wo nach dem Tod der kinderlosen Tudor-Königin Elisabeth I. 1603 deren Neffe als Jakob I. (1566–1625) auf dem Thron saß, einziger Nachkomme der unglücklichen Maria Stuart, die 1587 wegen Hochverrats hingerichtet worden war. So kam es, dass Jakob I. zu Liselottes Urgroßvater werden sollte.

Jakob, der eine streng protestantische Erziehung genossen hatte, war mit Anna von Dänemark verheiratet. Von den neun Kindern des Paares erreichten nur zwei das Erwachsenenalter: der 1600 geborene Sohn und spätere englische König Karl I. und seine Schwester, die vier Jahre ältere Elisabeth Stuart (1596–1662). Da die Prinzessin das gleiche Alter hatte wie Friedrich V., bot sich die hervorragende Gelegenheit, das politische Bündnis durch eine Fürstenhochzeit zu besiegeln. Am 14. Februar 1613 läuteten in London für Liselottes Großeltern die Hochzeitsglocken.

Als das junge Paar nach ausgiebigen Feierlichkeiten in Heidelberg einzog, bemühte sich Friedrich, seiner Gemahlin das ganze Ambi-

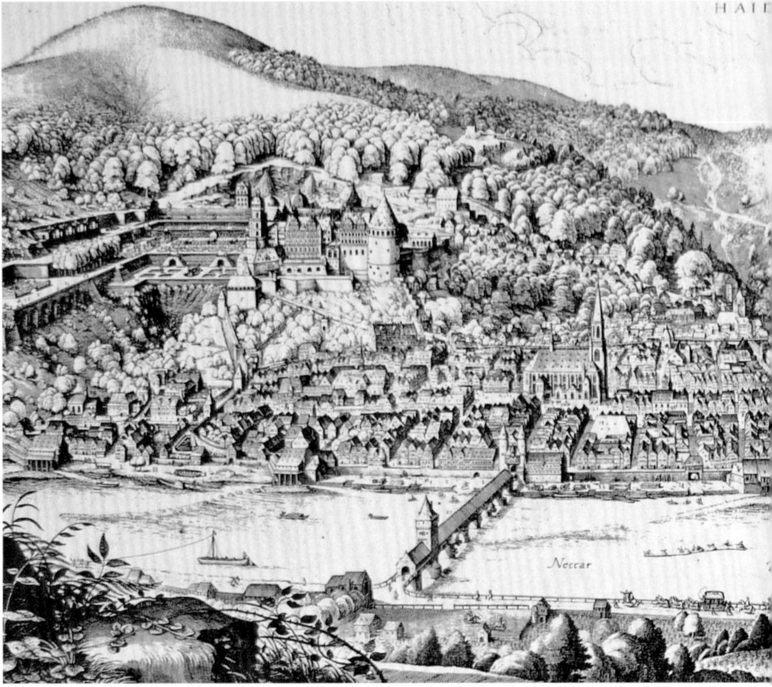

In Heidelberg am Neckar hat Liselotte viele schöne Jahre ihrer Jugend verbracht. Sie liebte die Stadt mit ihren lebensfrohen Menschen und hat die Erinnerung daran bis zu ihrem Tod bewahrt. Noch im Alter

ente so angenehm wie möglich zu gestalten. Er ließ das Schloss modernisieren und an der Nordseite eines kleinen Parks den „englischen Bau" errichten, der einen großartigen Ausblick auf Heidelberg, das Neckartal und die Rheinebene bot. Es war eine glückliche Zeit, die 1614 mit der Geburt des Kurprinzen Heinrich Friedrich gekrönt wurde, der jedoch mit nur 15 Jahren bei einem tragischen Schiffsunglück ums Leben kam. Insgesamt hatte das Paar 13 Kinder, darunter den 1617 geborenen Karl Ludwig, Liselottes Vater, und dessen Schwester Sophie von der Pfalz (1630–1714), die für Liselotte später zur wichtigsten Bezugsperson werden sollte.

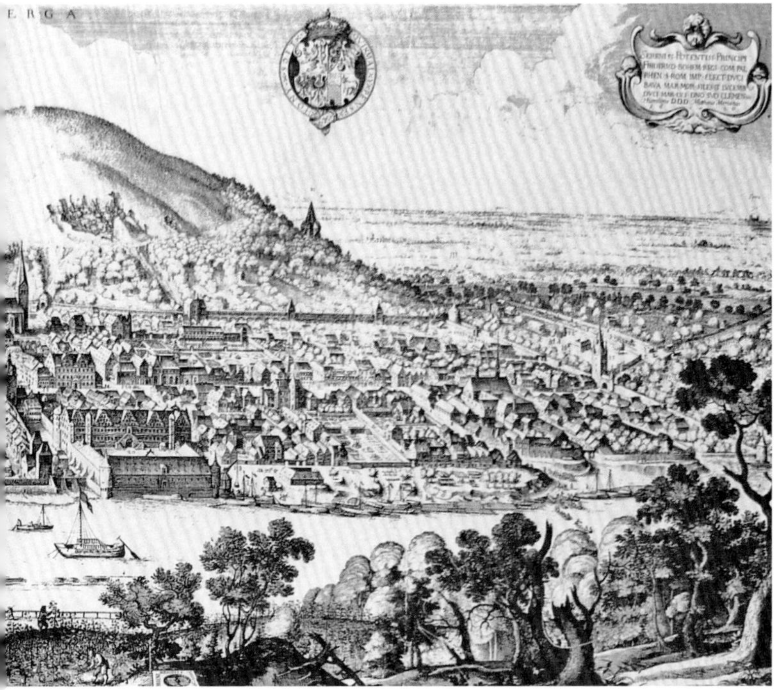

berichtete sie in ihren Briefen von heiteren Anekdoten und schönen Erlebnissen, die sie mit ihrem Geburtsort verband. – Kupferstich von Matthäus Merian, um 1620.

Die Pfälzer im Dreißigjährigen Krieg

Doch dann machte Friedrich V. den wohl größten Fehler seines Lebens. Inzwischen hatte mit Kaiser Ferdinand II. (reg. 1616–1637) ein katholischer „Hardliner“ den Thron bestiegen, der fest vorhatte, auch König von Böhmen zu werden. Dort war den Protestanten lange Zeit Religionsfreiheit gewährt worden, womit es wohl vorbei sein würde, wenn er sich die Krone aufs Haupt setzte. Das wollten die böhmischen Stände unbedingt verhindern, und so beschlossen sie, nach einem protestantischen Thronanwärter zu suchen. Ihre Wahl fiel auf den jungen Kurfürsten Friedrich V. von der Pfalz, der alle Warnungen in den Wind schlug und das Amt tatsächlich annahm. Hals über Kopf stürzte er sich in ein Abenteuer, das eigentlich nur tragisch enden konnte.

Unterdessen hatte sich die Situation in Böhmen weiter zugespitzt. Die konfessionellen Gegensätze entluden sich 1618 in dem berühmten „Prager Fenstersturz“, bei dem zwei kaiserliche Beamte von protestantischen Gesandten unsanft in den Burggraben des Hratschin befördert wurden. Auch wenn sich die Herren keine nennenswerten Verletzungen zuzogen, so wurde der Vorfall zum Auslöser jenes Krieges, der Europa 30 Jahre lang in Atem halten sollte.

Im Oktober 1619 hielt Friedrich V. mit seiner Familie feierlichen Einzug in Prag. Den Spott seiner Gegner, er werde nicht länger als einen Winter König sein, scheint er geflissentlich überhört zu haben. Er hätte wissen müssen, dass Ferdinand II. nicht tatenlos zusehen würde, wie ihm der Pfälzer die böhmische Krone vor der Nase wegschnappte. Pulverdampf lag also bereits in der Luft, zumal der Führer der Katholischen Liga, Herzog Maximilian von Bayern (1573–1651), dem Kaiser bereits militärische Unterstützung signalisiert hatte. Er stellte jedoch eine Bedingung: Sollte er den Sieg über Friedrich V. davontragen, so wollte er „zur Belohnung“ dessen Kurfürstentum haben. Weil ihm dies von Ferdinand II. auch verbindlich zugesagt wurde, waren die Tage Friedrichs V. auf dem böhmischen Thron gezählt. Im Herbst 1620 marschierten die vereinten kaiserlichen und bayerischen Truppen in Böhmen ein und am 8. November wurde das böhmische Heer binnen zwei Stunden vernichtend geschlagen. Nach der verlorenen Schlacht am Weißen Berg blieb Friedrich V. keine andere Wahl, als Prag mit seiner Familie fluchtartig zu verlassen. Das böhmische Abenteuer war beendet. Wie es seine Gegner prophezeit hatten, war Friedrich V. nur einen Winter lang König gewesen, was ihm den unschönen Namen „Winterkönig“ einbrachte.

Mehr als ihr nacktes Leben konnten die Pfälzer nicht retten, doch letzten Endes hatten sie Glück im Unglück: Sie fanden Hilfe und Zuflucht bei ihrer Familie. Nach einer längeren Odyssee, die zunächst nach Brandenburg führte, wo Friedrichs jüngere Schwester Elisabeth Charlotte lebte, Gemahlin des Kurfürsten Georg Wilhelm (1595–1640), landeten die Pfälzer schließlich im niederländischen Den Haag, Heimatstadt von Friedrichs Mutter Juliane (1576–1644) aus dem Hause Oranien-Nassau. Deren Halbbruder Moritz (1567–1625), Statthalter der Niederlande, erklärte sich im April 1621 bereit, die prominenten Flüchtlinge aufzunehmen und auch standesgemäß unterzubringen.

Weniger glücklich gestaltete sich das Schicksal der Kurpfalz. Nach dem schnellen Erfolg in der Schlacht am Weißen Berge war Ferdinand II. fest entschlossen, bis zum endgültigen Sieg des Katholizismus weiterzukämpfen. Dadurch wurde auch die Pfalz vom Krieg überzogen. Im Juli 1622 begannen die Truppen Maximilians von Bayern Heidelberg zu belagern, um die Residenzstadt elf Wochen später zu stürmen. Nun konnte der neue Kurfürst von Kaisers Gnaden ins Heidelberger Schloss einziehen und seine Amtsgeschäfte aufnehmen. Das bedeutete zunächst, dass er eine konsequente Rekatholisierungspolitik betrieb, die tausende Pfälzer Protestanten dazu veranlasste, ihr Land zu verlassen.

Im niederländischen Exil verfolgte Friedrich V. die Geschehnisse mit wachsender Besorgnis. Trotzdem gab er die Hoffnung nicht auf, sein Land nach Kriegsende zurückzubekommen. Tatsächlich standen die Chancen vorübergehend gar nicht schlecht: Nachdem Schwedens König Gustav Adolf 1630 auf Seiten der Protestanten in den Krieg eingetreten war, gelang es seinen Truppen, einen großen Teil der Pfalz von den Bayern zurückzuerobern. Die Rückkehr nach Heidelberg schien zum Greifen nahe! Voller Optimismus machte sich Friedrich auf die Reise an den Neckar, doch er sollte nie dort ankommen. Als er in Mainz Zwischenstation machte, fiel er einer dort grassierenden Seuche zum Opfer, möglicherweise der Pest. Am 19. November 1632 starb Friedrich V. im Alter von 36 Jahren. Nun war es an Karl Ludwig, seinem Sohn und designierten Nachfolger, eines Tages wieder in Heidelberg einzuziehen.

Das freilich sollte noch Jahre dauern. Das Kriegsglück war nur kurze Zeit auf Seiten der Schweden. Sie büßten die Landgewinne rasch wieder ein und wurden 1633 ganz aus der Pfalz vertrieben. Die ehemals kurfürstliche Familie musste also weiter im Exil ausharren. Deshalb ergriff nun „Winterkönigin" Elisabeth Stuart die Initiative. Sie schickte ihre beiden ältesten Söhne, den designierten Kurfürsten Karl Ludwig und dessen jüngeren Bruder Rupert von der Pfalz (1619–1682) auf „Missionsreise" nach England, wo inzwischen ihr Bruder als Karl I. auf dem Thron saß. Ziel der Reise war es, den englischen König um militärische Unterstützung zu bitten, die er jedoch umgehend ablehnte. Trotzdem blieben Karl Ludwig und Rupert noch eine ganze Weile in London. Hier, fern von der gestrengen Frau Mama, konnten die beiden Heranwachsenden endlich das Leben ein wenig genießen und die Sorge um die Pfalz zumindest vorübergehend vergessen.

Rückkehr nach Heidelberg

Es folgten noch ein paar turbulente Jahre, doch allmählich näherte sich der Dreißigjährige Krieg seinem Ende. Die ersten Verhandlungen über das weitere Schicksal der Pfalz fanden 1642 statt, brachten aber noch kein konkretes Ergebnis. Erst als ab 1644 ernsthafte Friedensgespräche in Münster und Osnabrück geführt wurden, konnte sich Karl Ludwig realistische Hoffnungen machen, zumindest einen Teil seines Kurfürstentums zurückzuerhalten. Vier Jahre später führten die diplomatischen Verhandlungen endlich zum Durchbruch und man verständigte sich auf folgende Übereinkunft: Die Pfalz wurde geteilt. Maximilian von Bayern behielt die Oberpfalz einschließlich der Kurwürde, war also der erste bayerische Kurfürst. Karl Ludwig hingegen musste sich mit der Rheinpfalz begnügen, die nun zum achten Kurfürstentum des Reiches erhoben wurde. Damit stand der Rückkehr nach Heidelberg nichts mehr im Wege.

In der Pfalz mochte Frieden herrschen, doch in der Familie des verstorbenen „Winterkönigs" kriselte es gewaltig. Als erstes überwarf sich Karl Ludwig mit seiner Mutter, denn die stolze und standesbewusste Elisabeth Stuart verlangte von ihm Sohn eine großzügige finanzielle Unterstützung. Als ihr Sohn diese verweigerte – schließlich brauchte er jeden Taler für den Wiederaufbau seines Landes –, kam es zum Bruch. Doch auch die Geschwister des

Liselottes Vater, Kurfürst Karl Ludwig von der Pfalz, hatte keine Einwände gegen die Ehe seiner Tochter mit dem Bruder des französischen Königs Ludwig XIV. Er ahnte nicht, dass er damit das spätere Schicksal seines Landes besiegelte. Im Pfälzischen Erbfolgekrieg wurden weite Teile der Pfalz verwüstet, worunter Liselotte sehr gelitten hat. – Kupferstich von Christoph le Blon, 1652

Kurfürsten wandten sich nach und nach von der Mutter ab. Rupert und der 1621 auf der Flucht in Küstrin geborene Moritz lebten in England, während Eduard (1625–1663) schon 1645 nach Paris gezogen war. Hier lernte er die attraktive Anna Gonzaga (1616–1684), Herzogin von Mantua, kennen, verliebte sich in die neun Jahre Ältere und heiratete sie noch im gleichen Jahr. Diese Hochzeit war für Elisabeth Stuart Grund genug gewesen, auch mit diesem Sohn zu brechen. Es war schon schlimm genug, dass Anna Katholikin war, doch dass nun auch Eduard zum Katholizismus konvertierte, war für die Witwe des calvinistischen „Winterkönigs" kaum auszuhalten. Dabei waren es gar keine religiösen Gründe, die Eduard zu diesem Schritt bewogen. Vielmehr wäre er als Protestant in Frankreich ein ungeliebter Außenseiter geblieben, erst recht am französischen Königshof, wo seine Gemahlin ein- und ausging. Liselotte von der Pfalz hat ihren früh verstorbenen Onkel niemals kennengelernt. Und doch sollte dessen Verbindung mit Anna Gonzaga für sie später schicksalhaft werden.

Eduard war übrigens nicht das einzige Familienmitglied, das sich für eine andere Konfession entschied. Auch die ältere Schwester Luise Hollandine (1622–1709) verließ Den Haag einige Jahre später nach heftigem Streit mit der Mutter und hinterließ nur eine kurze Notiz, dass sie katholisch werden und in ein Kloster eintreten wolle. Während Elisabeth Stuart vor Wut schäumte, unterstützte Eduard seine Schwester bei ihren Plänen, und da er und seine Frau gute Kontakte zum französischen Königshaus unterhielten, konnte Luise Hollandine schon bald in das Zisterzienserinnenkloster Maubuisson im Nordwesten von Paris eintreten, wo sie später zur Äbtissin aufsteigen sollte. Auch dieser Tante wird Liselotte noch begegnen.

Schließlich vergraulte Elisabeth Stuart auch noch ihre jüngste Tochter, die 1630 geborene Sophie von der Pfalz. Die junge Frau nahm daher gerne das Angebot ihres Bruders Karl Ludwig an, bei ihm und seiner frisch angetrauten Gemahlin in Heidelberg zu leben. Anders als ihre kapriziöse und anspruchsvolle Mutter war Sophie gerne bereit, ohne Luxus und größeren Komfort auszukommen, und so machte sie sich im Spätsommer 1650 auf den Weg nach Heidelberg.

Die anspruchsvolle Charlotte von Hessen-Kassel, Liselottes Mutter, konnte nur wenige Jahre mit ihrer Tochter verbringen. Die unglückliche Ehe mit dem pfälzischen Kurfürsten wurde schließlich geschieden und Charlotte musste in ihre Heimat zurückkehren. Danach hat sie Liselotte nur noch zweimal wiedergesehen, als diese schon längst erwachsen war. – Unbekannter Maler, um 1650

Während sich Sophie mit ihrem Bruder Karl Ludwig prächtig verstand, blieb das Verhältnis zu ihrer Schwägerin Charlotte kühl und distanziert. Die beiden Frauen waren höchst unterschiedlich: Sophie legte nur wenig Wert auf ihr äußeres Erscheinungsbild, Charlotte hingegen liebte Schmuck, kostbare Kleidung und ein luxuriöses Ambiente. Vor allem Letzteres vermisste sie im Heidelberger Schloss, wo an solchen Dingen eisern gespart wurde. Zwar zeigte sich Kurfürst Karl Ludwig als zielstrebiger und verantwortungsvoller Landesvater, der mit Steuererleichterungen und Subventionen neue Siedler in die vom Krieg gebeutelte Pfalz holte. Er selbst führte jedoch eine äußerst bescheidene Hofhaltung. Die Ehe war daher von beträchtlichen Spannungen geprägt, was aber nicht nur daran lag, dass die verwöhnte Kurfürstin die Sparsamkeit ihres Gemahls so hasste. Karl Ludwig neigte nämlich auch zu heftigen Temperamentsausbrüchen, und so konnte es durchaus vorkommen, dass es im Streit nicht bei Wortgefechten blieb; wenn er richtig wütend war, wurde der Kurfürst mitunter auch handgreiflich – nicht gerade die besten Voraussetzungen für die junge Ehe.

Mit nur zwei Kindern, die Charlotte gebar, hatte sie ihre dynastischen Pflichten mehr schlecht als recht erfüllt. Nachdem im Mai 1653 ein zweiter Sohn zur Welt gekommen war, der aber nur wenige Stunden lebte, erklärte sie, dass sie das Bett künftig nicht mehr mit Karl Ludwig teilen werde. Der Kurfürst hatte nichts dagegen einzuwenden, dass seine Frau aus dem gemeinsamen Schlafzimmer auszog, im Gegenteil. Er hatte schon seit geraumer Zeit ein Auge auf eine andere junge Dame geworfen und sich in die anmutige und liebenswürdige Hofdame Luise von Degenfeld (1634–1677) verliebt. Deshalb hatte er nur einen Wunsch: Charlotte sollte so schnell wie möglich nach Kassel zurückkehren …

Spannungen im Heidelberger Schloss

Wie in fürstlichen Kreisen üblich, wurde der Nachwuchs auch im Heidelberger Schloss gleich nach der Geburt einer Kinderfrau übergeben. Um die kleine Liselotte kümmerten sich gleich zwei Damen: Neben ihrer offiziellen Gouvernante Frau von Quad beschäftigte sich „Tante Sophie“ hingebungsvoll mit ihrer kleinen Nichte und wurde für sie schon früh zu einer Art Ersatzmutter. Das ungewöhnlich enge und herzliche Verhältnis der beiden hielt bis zu Sophies Tod 1714 an.

Während Charlotte von Hessen-Kassel großen Wert auf die höfische Etikette legte, hatte sich Sophie von der Pfalz ihre Natürlichkeit bewahrt. Dabei war die in Den Haag geborene Prinzessin nicht minder sorgsam erzogen worden. Sie beherrschte mehrere Sprachen, interessierte sich für Geschichte, Philosophie, Theologie und liebte die Musik. Sie war zu einer gebildeten jungen Frau herangewachsen, die sich, witzig und humorvoll wie sie war, auch gerne über höfische Konventionen hinwegsetzte. Obwohl Sophie selbst niemals so etwas wie Mutterliebe erfahren hatte, besaß sie doch sehr viel Empathie und Einfühlungsvermögen, was sie zu einem äußerst liebevollen Umgang mit der kleinen Nichte befähigte. Liselotte war ihrer Tante aber auch sehr ähnlich.

Nachdem die Prinzessin zunächst ein zartes und kränkliches Kind gewesen war, entwickelte sie sich schon bald zu einem aufgeweckten und robusten Wildfang, der mit Vorliebe im Schlossgarten umhertobte. Anders als die meisten Mädchen in ihrem Alter zeigte sie an Puppen keinerlei Interesse, kletterte viel lieber auf Bäume, raufte mit ihrem großen Bruder und kämpfte mit dessen Holzschwertern. Es waren weitgehend unbeschwerte Jahre im Heidelberger Schloss, und selbst auf ihre Mutter musste Liselotte nicht verzichten. Auch wenn es Karl Ludwig nicht passte, so lebte Charlotte doch nach wie vor mit ihm unter einem Dach, was natürlich zu einer latent angespannten Atmosphäre führte, denn der Kurfürst machte keinen Hehl aus seiner Zuneigung zu der hübschen Luise von Degenfeld. Mit ihr hatte er endlich eine passende Partnerin gefunden – freundlich, sanft, geduldig und ausgleichend, was sich auf den zum Jähzorn neigenden Kurfürsten positiv auswirkte.

Charlotte jedoch war die Nebenbuhlerin ein Dorn im Auge. Als sie 1657 auch noch zufällig brisante Papiere entdeckte und von einem heimlichen Eheversprechen las, das Karl Ludwig seiner Geliebten gegeben hatte, kam es zum Eklat, einem Riesenskandal, der weite Kreise zog. Nicht nur die Kurfürstin fühlte sich hintergangen, auch Luises sittenstrenger Bruder Ferdinand von Degenfeld (1629–1710) war außer sich vor Zorn. Er forderte Karl Ludwig auf, seine Angelegenheiten unverzüglich in Ordnung zu bringen, sich offiziell von seiner Frau zu trennen und Luise zu heiraten. Anderenfalls würde er ihn vor aller Welt als Bigamisten bloßstellen.

Das waren klare Worte, die ihre Wirkung nicht verfehlten. Nur gab es leider ein Problem: Charlotte weigerte sich strikt, in die Scheidung einzuwilligen, und bestand auch weiter auf ihrer Ehe. Deshalb sah

Karl Ludwig wohl keinen anderen Weg, als die Flucht nach vorn anzutreten: Am 6. Januar 1658 heiratete er Luise von Degenfeld in morganatischer Ehe, also in einer „Ehe zur linken Hand", und sprach als Oberhaupt der protestantischen Landeskirche seine eigene Scheidung aus. Auch wenn Charlotte das letztlich akzeptieren musste – zurück nach Kassel ging sie deshalb noch lange nicht.

Es ist anzunehmen, dass die häuslichen Spannungen und Streitereien nicht spurlos an Liselotte vorbeigegangen sind. Doch Tante Sophie wird ihr Bestes getan haben, die kleine Nichte vor allzu heftigen Szenen zu bewahren. Auf Dauer würde sie Liselotte aber nicht beschützen können, denn inzwischen war Karl Ludwigs jüngste Schwester 28 Jahre alt und drohte allmählich zu einer „alten Jungfer" zu werden. Der Kurfürst suchte also verstärkt nach einem passenden Bräutigam, was sich als schwieriges Unterfangen erwies. Die geringe Mitgift, die er zu bieten hatte, lockte kaum einen Bewerber an, und jeden mochte Sophie auch nicht nehmen. Schließlich aber fand sich doch noch der Richtige: Am 30. Oktober 1658 heiratete sie den Welfen Ernst August von Braunschweig-Lüneburg (1629–1698), den nachmaligen ersten Kurfürsten von Hannover. Das konnte zum Zeitpunkt der Eheschließung freilich noch niemand ahnen. Damals war er keine besonders gute Partie – nur ein apanagierter Herzog, der darauf wartete, irgendwann einmal Fürstbischof von Osnabrück zu werden –, aber Karl Ludwig war froh, seine kleine Schwester endlich unter die Haube gebracht zu haben. Sophie fügte sich in ihr Schicksal und folgte dem frisch angetrauten Gemahl nach Hannover.

Gemessen an fürstlichen Verhältnissen wurde die Ehe vergleichsweise glücklich. In den nächsten Jahren brachte Sophie sechs Kinder zur Welt, darunter ihre einzige Tochter Sophie Charlotte (1668–1705), später erste Königin in Preußen.

Der Abschied von ihrer geliebten Tante Sophie wurde Liselotte dadurch versüßt, dass sie nun mit der Hofmeisterin Katharina von Offeln (1624–1702) eine wunderbare neue Kinderfrau bekam, an der sie schon bald mit zärtlicher Liebe hing. Auch in späteren Jahren hat sie mit ihr noch regelmäßig korrespondiert und mit großer Dankbarkeit an ihre liebevolle Erzieherin gedacht.

Doch noch immer lagen die Streitigkeiten ihrer Eltern wie ein dunkler Schatten über dem Heidelberger Schloss. Weil Charlotte trotz der Scheidung hartnäckig auf ihrem Wohnrecht bestand, hatte sich Karl Ludwig zusammen mit Luise nach Schwetzingen zurückgezogen, wo allmählich eine neue Familie entstand. 1658 wurde mit Sohn Karllutz (eigentlich Karl Ludwig) das erste gemeinsame Kind geboren, dem noch zwölf weitere folgten. Doch nur sieben von ihnen haben das Erwachsenenalter erreicht, darunter die Töchter Caroline (1659–1696), Louise (1661–1733) und Amalie Elisabeth (1663–1709), zu denen Liselotte später auch engen Briefkontakt hielt.

Karl Ludwig verlieh Frau und Kindern den Titel der Raugrafen und -gräfinnen, einem Ende des 15. Jahrhunderts ausgestorbenen pfälzischen Adelsgeschlecht mit Besitzschwerpunkt im Nahegau.

Doch trotz der glücklichen Ehe mit Luise muss er mit der familiären Situation äußerst unzufrieden gewesen sein. Dass sich seine Ex-Frau Charlotte hartnäckig weigerte, das Heidelberger Schloss zu verlassen, war schon schlimm genug. Die Tatsache jedoch, dass er selbst sich jetzt überwiegend in Schwetzingen aufhielt, bot ihr hinreichend Gelegenheit, den Kontakt zu ihren Kindern, insbesondere zu Liselotte, unkontrolliert zu intensivieren. Das wollte der Vater auf jeden Fall verhindern, weshalb er auf die Idee kam, die kleine Tochter aus Heidelberg fortzuschicken und sie für eine Weile bei Sophie und Ernst August in Hannover unterzubringen. Liselotte und ihre Tante kannten und liebten einander, was also sprach dagegen?

Von Heidelberg nach Hannover

Tatsächlich fiel es Liselotte unendlich schwer, ihre vertraute Umgebung zu verlassen und ihrer Familie für unbestimmte Zeit Lebewohl zu sagen. Doch sie hatte keine Wahl. Im Juni 1659 wurde die Siebenjährige in Begleitung ihrer Hofmeisterin Katharina von Offeln in eine Kutsche gesetzt und in mehrtägiger Fahrt nach Hannover gebracht. Ihr neues Zuhause war jetzt das alte Leineschloss. Hier wurde Liselotte von ihren neuen Pflegeeltern herzlich begrüßt und freute sich ehrlich, ihre geliebte Tante wiederzusehen. Der

Abschiedsschmerz schien schnell vergessen zu sein. In den nächsten vier Jahren bemühten sich Sophie und Ernst August, der kleinen Nichte ein liebevolles Zuhause zu bieten. Mit zur Familie gehörte Ernst Augusts älterer Bruder Georg Wilhelm (1624–1705), seit 1648 regierender Herzog von Braunschweig-Lüneburg. Er war der Mann, den Sophie ursprünglich heiraten sollte, doch unmittelbar nach der Verlobung waren ihm Zweifel gekommen und er hatte seinen Bruder gebeten, die Braut doch bitte zu „übernehmen". Sophie hatte diese Zurückweisung damals sehr gekränkt, doch inzwischen verstand sie sich mit ihrem Schwager ganz wunderbar. Von Streit und Eifersüchteleien blieb Liselotte in Hannover also verschont.

Da das alte Leineschloss mitten in der Stadt liegt, wird sie den großen Garten, in dem sie umhertollen konnte, wohl vermisst haben. Aber zumindest in den Sommermonaten bot sich auf Herrenhausen, dem Sommersitz der Welfenfamilie, hinreichend Gelegenheit, im Freien zu spielen. So lebte sich Liselotte rasch in ihrer neuen Heimat ein. Ähnlich wie in Heidelberg ging es auch in Hannover vergleichsweise zwanglos zu, das höfische Protokoll engte das Mädchen nicht allzu sehr ein. Gleichwohl durfte die Ausbildung nicht zu kurz kommen, auch wenn Karl Ludwig bereits gestöhnt hatte, es gebe schon zu viele kluge Frauen in der Familie. Damit meinte er sicherlich Sophie und Luise Hollandine, vor allem aber seine Schwester Elisabeth (1618–1680), die sich brennend für Philosophie und Theologie interessierte und lange Zeit mit René Descartes korrespondiert hatte. Sie nahm auch regen Anteil am Wiederaufbau der berühmten Heidelberger Universität, die vor dem Dreißigjährigen Krieg erheblich zur Bedeutung der Stadt beigetragen hatte.

Mit philosophischen Fragen musste sich Liselotte natürlich noch nicht befassen. Zunächst einmal lernte sie lesen und schreiben, wurde in Musik und Tanz unterwiesen und erhielt einen ausführlichen protestantischen Religionsunterricht, völlig frei von jeder engstirnigen Dogmatik. So lernte sie schon früh, sich ihre eigenen Gedanken zu machen, was sich später auch in ihrer „kleinen Privatreligion" manifestieren sollte.

Im Herbst 1659 traten Sophie und Liselotte eine Reise in die Niederlande an, sodass das Kind endlich seine Großmutter kennenlernte, die in der Familie allseits gefürchtete Elisabeth Stuart. Doch die inzwischen 63-Jährige war von ihrer klugen und lebhaften Enkelin hellauf begeistert und schenkte ihr zum Andenken sogar ein kleines Hündchen, vermutlich einen Spaniel. Am 23. November 1659 schrieb Liselotte aus den Den Haag ihren offenbar ersten Brief an den Vater nach Heidelberg. Schon in diesem frühen Schreiben sind Witz und kindlicher Humor der Pfälzerin deutlich spürbar: „Herzliebster Papa, Ihro Gnaden werden schon von *ma tante* wissen, dass wir gesund vor acht Tagen hier angekommen. Ihre Majestät die Königin ist mir gar gnädig, hat mir schon ein Hundchen geschenkt, morgen werde ich einen Sprachmeister bekommen, der Tanzmeister ist schon zweimal bei mir gewesen; *ma tante* sagt, wenn jemand hier ist, der wohl singen kann, so soll ich auch singen lernen … Das Schälchen für die Königin habe ich noch nicht überliefern können, weil mein Zeug noch auf dem Schiff ist und von unseren Leuten noch einige dort sind; Gott gebe nur, dass sie nicht ersoffen sind, es wäre sonst ein schlechter Possen …“

So erfreulich der Aufenthalt in Den Haag auch verlief – Liselotte sollte ihre Großmutter nicht mehr wiedergesehen: Kurz nach der Thronbesteigung ihres Neffen Karl II. kehrte sie 1661 in ihre englische Heimat zurück und starb dort nur wenig später.

Wieder in Hannover ging die unbeschwerte Zeit für Liselotte weiter. Im Juni 1660 brachte Tante Sophie ihr erstes Kind zur Welt, Sohn Georg Ludwig, den späteren englischen König Georg I. Die Umstände der Geburt ihres Cousins sollte Liselotte niemals vergessen. Ihre Erinnerungen daran werfen ein typisches Licht auf das vorwitzige kleine Mädchen: Als Variante zum Märchen vom Klapperstorch hatte man Liselotte die Mär erzählt, Babys wüchsen im Rosmarinstrauch. Das kam dem pfiffigen Kind allerdings recht merkwürdig vor, zumal Tante Sophies Schmerzensschreie aus dem alten Leineschloss doch höchst beunruhigend klangen. Anstatt weiter im Garten nah dem Baby zu suchen, schlich Liselotte in der allgemeinen Hektik unbemerkt ins Geburtszimmer, versteckte sich hinter einem Wandschirm und verfolgte gebannt den tatsächlichen Geburts-

Sophie von Hannover war Liselottes wichtigste Bezugsperson. Wegen der ständigen Streitereien ihrer Eltern verbrachte sie als Kind vier Jahre bei der geliebten Tante. Später, als Liselotte in Frankreich lebte, stand sie mit Sophie in engem Briefkontakt. Bei Sophie fand sie stets Verständnis, Trost und Aufmunterung. Diese Darstellung zeigt Sophie mit ihrer Tochter Sophie Charlotte.

vorgang. Als sie schließlich doch noch entdeckt wurde, gab es zwar mahnende Worte, aber die Freude über den gesunden kleinen Prinzen war viel zu groß, um die neugierige Liselotte zu bestrafen. Als Sophie im Oktober des folgenden Jahres einem zweiten Sohn das Leben schenkte, war die Neugier der jungen Nichte längst befriedigt.

Die Zeit verging und inzwischen hatte Liselotte bereits ihren zehnten Geburtstag gefeiert. Hannover war längst zum vertrauten Zuhause geworden. Doch dann erfuhr sie von ihren Pflegeeltern, dass man in Kürze umziehen werde, weil Ernst August endlich das Amt des Fürstbischofs von Osnabrück antreten könne. Seine künftige Residenz war Schloss Iburg am Südhang des Teutoburger Waldes, rund 20 km von Hannover entfernt. Im September 1662 war es so weit. Sophie schrieb an ihren Bruder Karl Ludwig nach Heidelberg: „Vor drei Tagen bin ich hier eingetroffen und befinde mich in einem sehr hübschen Hause, welches mich bei meiner Ankunft sehr erfreut hat." Auch die Zehnjährige war ganz begeistert von der ländlichen Umgebung, die viel Platz zum Spielen, Entdecken und Herumtollen bot. Wenngleich sich Katharina von Offeln redlich bemühte, aus dem munteren Kind eine „ehrbare Dame" zu machen, so musste sie doch erkennen, dass man die Prinzessin nicht gegen ihr Naturell erziehen konnte.

Doch für Liselotte ging die schöne Zeit in (Bad) Iburg schon nach wenigen Monaten zu Ende. Auf Wunsch ihres Vaters musste sie im Juni 1663 nach Heidelberg zurückkehren. Dort hatte sich die Situation inzwischen entspannt, denn Charlotte war nun doch an den Hof ihres Bruders nach Kassel zurückgekehrt. Das bedeutete für Liselotte, dass sie ihre Mutter bis zu deren Tod 1686 nur noch zweimal – 1681 und 1683 – sehen würde, als sie schon längst eine erwachsene Frau war.

Der Abschied von Sophie, Ernst August und den beiden kleinen Prinzen fiel Liselotte unendlich schwer. Später hat sie die Zeit in Hannover und (Bad) Iburg als die glücklichste ihres Lebens bezeichnet. Die schönen Erinnerungen blieben ihr ein Leben lang. Viele Jahre später, als sie längst in Paris lebte und selbst Mutter war, schrieb sie am 11. Dezember 1708 an ihre Tochter nach Lothringen: „Ich weiß nicht, ob Ihr einen Brauch kennt, den man auch in

Deutschland pflegt und den man auch das Christkindl nennt. Dafür werden Tische hergerichtet die geschmückt werden wie Altäre, für jedes Kind einen. Darauf legt man alle möglichen Dinge: neue Kleider, Silberzeug, Geldgeschenke, Seide, Puppen, Zuckerzeug und vieles mehr. Man stellt auf diese Gabentische Buchsbäume und an jedem Zweig wird eine kleine Kerze befestigt. Das sieht ganz wunderhübsch aus. Jetzt, da ich Euch davon erzähle, möchte ich das alles nur zu gern wiedersehen. Ich erinnere mich noch an Hannover. Als man dort das letzte Mal das Christkind zu mir kommen ließ, betraute man einen Schüler mit dieser Aufgabe. Sie spielten mir also sozusagen ein Theater vor. Zuerst kam der Stern herein, dann der Teufel und die Engel, schließlich das Christkind mit dem heiligen Petrus und den Aposteln. Der Teufel beschuldigt die Kinder ihrer Fehler, die er aus einer langen Liste vorliest. Darauf sagt das Christkind, dass es gekommen sei, um den Kindern Geschenke zu bringen. Da sie aber so böse seien, wolle es nicht länger bei ihnen bleiben. Der Engel und der heilige Petrus bitten für die Kinder und versprechen, dass diese sich bessern wollen. Daraufhin verzeiht ihnen das Christkind und der heilige Petrus und die Engel führen die Kinder dorthin, wo die Gabentische stehen. Wenn da fünf oder sechs solcher Tische stehen, gibt es nichts Schöneres, denn alles ist mit Seidenbändern in allen Farben und Silberschnüren umwunden."

Katharina von Offeln, die Liselotte vier Jahre zuvor nach Hannover begleitet und in dieser Zeit fürsorglich umsorgt hatte, kam nicht mit zurück nach Heidelberg. Sie hatte inzwischen Friedrich von Harling geheiratet, Oberstallmeister und Geheimrat im Dienst des Herzogs, und obendrein die Betreuung der wachsenden Kinderschar von Sophie und Ernst August übernommen. Doch für Liselotte blieb sie neben Tante Sophie die geliebte Vertrauensperson, der sie notfalls schriftlich ihr Herz ausschütten konnte.

Liselottes Bärenkatzenaffengesicht

In Heidelberg hatte sich inzwischen einiges verändert. Nach Charlottes Auszug war Liselottes Stiefmutter Luise von Degenfeld mit ihren inzwischen fünf Kindern ins Schloss eingezogen. Auch wenn ihr Verhältnis zur Raugräfin verständlicherweise distanziert blieb, so entwickelte Liselotte doch zu ihren Halbgeschwistern eine herzliche Beziehung. Karllutz mit den dunklen Locken nannte sie liebevoll „mein Schwarzköpfle".

Nach den unbeschwerten Jahren in Hannover begann nun in Heidelberg der „Ernst des Lebens". Ihren Bruder bekam Liselotte nur noch selten zu Gesicht, denn Karl wurde schon jetzt intensiv auf seine künftigen Aufgaben als Landesherr vorbeireitet. Und auch sie selbst musste endlich daran arbeiten, doch noch so etwas wie eine „ehrbare Dame" aus sich zu machen. Unterstützt wurde sie dabei von ihrer neuen Hofmeisterin Ursula Maria Kolb von Wartenberg (1618–1674), die nun den Unterricht der Prinzessin übernahm. Liselotte paukte Fremdsprachen, vertiefte sich in deutsche und französische Lektüre, lernte Zeichnen und machte auch beim Tanzunterricht weitere Fortschritte. Der Religionsunterricht gestaltete sich ähnlich wie in Hannover eher undoktrinär, zumal die Pfalz nach den Bestimmungen des Westfälischen Friedens zu religiöser Toleranz verpflichtet war. Außerdem wollte man sich auch hinsichtlich einer späteren Heirat alle Türen offen halten.

Karl Ludwig glaubte nämlich, dass es nicht leicht werden würde, Liselotte irgendwann „unter die Haube zu bringen". Wie es heißt, hielt der Kurfürst seine Tochter weder für schön noch für anmutig und spottete ganz offen über ihr angebliches „Bärenkatzenaffengesicht". Er ahnte wohl nicht, wie nachhaltig er das junge Mädchen mit dieser wenig schmeichelhaften Äußerung verletzte, zumal sich Liselotte gerade mitten in der Pubertät befand. Das Trauma, „hässlich" zu sein, hat sie bis zu ihrem Tod nicht überwunden, und später klagte sie immer wieder in ihren Briefen darüber. So schrieb sie am 26. Oktober 1704 an ihre Tante Sophie nach Hannover: „Denn ich bin ja mein Leben lang hässlich gewesen, darum habe ich keine Lust nehmen können, mein Bärenkatzenaffengesicht im Spiegel zu betrachten, also kein Wunder, dass ich mich nicht oft betrachtet habe." Dass Großmutter Elisabeth Stuart seinerzeit in Den Haag geäußert hatte, die Enkelin sei ein hübsches kleines Mädchen, war bestenfalls ein schwacher Trost. In dieser Hinsicht war Liselottes

Selbstwertgefühl ein für allemal zerstört. Doch wenn man die – sicherlich vom Künstler geschönten – Porträts der Prinzessin ansieht, dann blickt einem eine junge Frau mit klugen Augen, offenem Blick und regelmäßigen Gesichtszügen entgegen. Hässlich war sie auf keinen Fall. Zeitgenossen beschrieben sie als Blondine mit blauen Augen und hellem Teint, von „schönem freien Wuchs, offenem und ungezwungenem Wesen". Der Botschafter Ezechiel von Spanheim (1629–1710), der sich als Hauslehrer des Kurprinzen Karl längere Zeit in Heidelberg aufgehalten hatte, meinte, ihr Gesicht sei von „Adel, Anmut und Sanftheit" gewesen. Spanheim war des Öfteren mit Liselotte zusammen, führte mit ihr lange Gespräche und weihte sie unter anderem in die Numismatik ein. Unter seiner Anleitung wurde sie zur begeisterten Sammlerin alter Münzen und Medaillen, an denen sie noch später in Frankreich ihre Freude hatte.

Karl Ludwig wollte seine Tochter sicherlich nicht kränken. Vermutlich hat er ihr das „Bärenkatzenaffengesicht" nur eingeredet, um nicht ihre Eitelkeit zu wecken, die dem bodenständigen Pfälzer als sündhaft erschien. In protestantischen Herrscherhäusern war das gar nicht so selten. Auch andere Prinzessinnen haben unter ihrer vermeintlichen Hässlichkeit gelitten, selbst die jüngsten Schwestern Kaiser Wilhelms II.

Davon abgesehen scheint Liselottes Verhältnis zu ihrem Vater weitgehend unbelastet gewesen zu sein. Karl Ludwig reiste mit seiner Tochter oft und gerne durch die Pfalz, um ihr die Heimat zu zeigen und Gelegenheit zu bieten, Land und Leute kennenzulernen. In den Weindörfern begegnete sie zahlreichen Menschen, konnte mit ihnen ganz unbefangen plaudern, hin und wieder auch an ihren Festen teilnehmen oder Jahrmärkte besuchen. Sie aß, was auf den Tisch kam, und begann die deftige Pfälzer Küche hoch zu schätzen. Noch Jahre später schwärmte sie in Frankreich von den heimischen Delikatessen und dem guten Pfälzer Wein.

Es konnte durchaus vorkommen, dass sie sogar nachts ein Heißhunger überfiel, obwohl ihr Hofmeisterin Kolb von Wartenberg streng untersagt hatte, zwischendurch etwas zu naschen. Doch darüber setzte sich Liselotte mit Leichtigkeit hinweg, wie sie sich am 6. Mai 1700 in einem heiteren Brief an Tante Sophie erinnert:

„Die gute Jungfer Kolb betrog ich oft in meinen jungen Jahren mit nachts zu essen, allein wir aßen nicht so delikate Sachen wie Schokolade, Kaffee und Tee, sondern wir fraßen einen guten Krautsalat mit Speck. Ich erinnere mich, dass man einstmals in meiner Kammer zu Heidelberg eine Tür verändert und derowegen mein und der Kolbin Bett in meine Kammer tat … Die Kolb hatte mir verboten, nachts in der Jungfern Kammer zu gehen. Ich versprach, nicht über die Schwelle zu kommen, sie solle sich nur zu Bett begeben, ich könnte noch nicht schlafen, wollte die Sterne noch ein wenig vom Fenster betrachten. Die Kolbin wollte mir nicht trauen, blieb immer an ihren Nachttisch sitzen. Ich sagte, sie jammerte mich, sie solle sich doch zu Bett legen und den Vorhang aufmachen, so könne sie mich ja sehen; das tat sie. Sobald sie im Bett war, machten die Jungfern ihre Tür auf und setzten den Teller mit Specksalat auf die Schwell. Ich tat, als wenn mein Schnupftuch gefallen wäre, hob damit den Teller auf und ging stracks ans Fenster. Kaum hatte ich drei gute Maul voll geschluckt, so schießt man auf das Stück los, so der Altan vor meinem Fenster war, denn es war ein Brand in der Stadt angegangen. Die Kolbin, so das Feuer unerhört fürcht, springt aus dem Bett. Ich, aus Furcht ertappt zu werden, werfe mein Serviett mitsamt dem silbernen Teller mit Salat zum Fenster raus, hatte also nichts mehr, das Maul abzuwischen. Indem höre ich die hölzerne Stiege heraufgehen. Das war der Kurfürst, unser Papa selig, der kam in meine Kammer, zu sehen, wo der Brand war. Wie er mich so mit dem fetten Maul und Kinne sah, fing er an zu schwören: Sacrement, Liselotte, ich glaube, Ihr schmiert etwas auf das Gesicht. Ich sagte, es ist nur Mundpomenade, die ich wegen der gespaltenen Lefzen geschmiert habe. Papa selig sagte: Ihr seid schmutzig. Da kam mir das Lachen an. Papa und alle, die bei ihm waren, meinten, ich wäre närrisch geworden, so zu lachen. Die Raugräfin kam auch herauf und ging durch meiner Jungfern Kammer, kam daher und sagte: Ah, wie riechts in der Jungfern Kammer nach Specksalat. Da merkte der Kurfürst die Possen und sagte: Das ist denn Eure Mundpomenade, Liselotte. Und wie ich sah, dass der Kurfürst guter Laune war, gestand ich die Sache und verzählte den ganzen Handel, wie ich die Hofmeisterin betrogen hatte. Der Kurfürst selig lachte nur darüber, aber die Kolbin hat mirs lange nicht verziehen."

Ein folgenschwerer Todesfall

„In meiner Jugend bin ich sehr lustig gewesen", schrieb Liselotte 1720 an ihre Halbschwester Louise, „davon ist mir der Name Rauschenplattenknecht übernommen." So frei, wie Liselotte erzogen worden war, schien niemand auch nur einen Gedanken daran zu verschwenden, dass sie später einmal an einem Hof leben könnte, an dem jeder Schritt vom höfischen Protokoll geregelt wurde. Liselotte selbst dachte erst recht nicht daran. Die bodenständige Pfalz war und blieb für sie das „gelobte Land" in dem sie gern ihr ganzes Leben verbracht hätte. Doch das Schicksal wollte, dass sie ihre geliebte Heimat schon bald für immer verlassen musste.

Es war ein tragischer Todesfall am französischen Königshof, der das Schicksal der 18-Jähigen besiegelte. In Frankreich herrschte damals der „Sonnenkönig" Ludwig XIV. (1638–1715), der schon mit vier Jahren den Thron bestiegen und 1661 die Alleinregierung übernommen hatte.

Im gleichen Jahr hatte sein einziger Bruder, Philipp von Orléans (1640–1701), genannt „Monsieur", die englische Prinzessin Henriette Anna (1644–1670) aus dem Hause Stuart geheiratet. Inzwischen hatte das Paar zwei Töchter: die 1662 geborene Marie Louise und die sieben Jahre jüngere Anne Marie.

Liselotte von der Pfalz und Henriette Anna Stuart, eine Tochter des englischen Königs Karl I., sind einander zwar nie begegnet, doch sie waren miteinander verwandt: Karl I. war schließlich der Bruder von Elisabeth Stuart und somit Liselottes Großonkel. Auch er selbst hatte 1625 mit Henriette Maria von Bourbon (1609–1669), einer Schwester Ludwigs XIII., eine katholische Französin geheiratet. Hinter dieser „Mischehe" steckte natürlich politisches Kalkül. Eingefädelt wurde sie damals von Kardinal Richelieu, der als Erster Minister die französische Politik maßgeblich gestaltete. Mit Blick auf die außenpolitische Stellung seines Landes hielt er es für unabdingbar, die Hegemonie der spanischen Habsburger zu brechen. Dafür war ihm jedes Mittel recht, selbst ein dynastisches Bündnis mit einem protestantischen Monarchen wie Karl I. Und auch England hatte ein nicht weniger starkes Interesse daran, das expandierende Spanien in seine Schranken zu weisen. Doch dann brach 1642 der englische Bürgerkrieg aus, in dessen Folge Karl I. schließlich hingerichtet wurde. Henriette Maria gelang mit ihrer kleinen Tochter die Flucht nach Frankreich, wo sie bis zu ihrem Tod im Jahr 1669 im Dunstkreis des Königshofes lebte.

Nun aber, nur ein Jahr später, starb auch Henriette Anna am 30. Juni 1670 auf St. Cloud, dem Schloss des königlichen Bruders Philipp von Orléans. Sie war nur 26 Jahre alt geworden.

Der Tod der jungen Frau löste am Hof großes Entsetzen aus, und sogleich kam die Vermutung auf, Madame sei möglicherweise vergiftet worden. Derlei Gerüchte machten immer dann die Runde, wenn jemand plötzlich und unerwartet verstarb. Erhärten ließ sich der Verdacht allerdings nicht.

Hochzeitsplanungen

Kaum hatte man Henriette Anna in St. Denis, der Grablege der französischen Könige, zur letzten Ruhe gebettet, da begann man bereits, nach einer neuen Gemahlin für Monsieur zu suchen, wenngleich der Witwer auf eine zweite Ehe am liebsten verzichtet hätte. Tatsächlich galt seine Neigung vielmehr dem männlichen Geschlecht, weswegen er schon mit Henriette Anna nur aus dynastischem Pflichtgefühl vor den Traualtar getreten war. Doch als einzigem Bruder Ludwigs XIV. blieb es ihm nicht erspart, gegebenenfalls für die Sicherung der Thronfolge zu sorgen. Der König, der mit der Spanierin Maria Theresia (1638–1683) verheiratet war, hatte nur einen überlebenden Sohn, den 1661 geborenen Dauphin Ludwig. Ein weiterer Sohn starb 1671 im Alter von nur drei Jahren. Weil aus der Ehe Philipps von Orléans mit Henrietta Anna nur zwei Töchter hervorgegangen waren, schien es dringend geboten, für männlichen Nachwuchs zu sorgen. Also sah man sich in Hofkreisen

Ludwig XIV. fand großen Gefallen an seiner jungen und unkomplizierten Schwägerin. Während sich die anderen Damen am französischen Hof meist um ihre Schönheit und die neuesten Modetrends kümmerten, konnte sich Liselotte fürs Reiten und Jagen begeistern, zwei Leidenschaften, die sie mit dem König teilte. Ihrem Ehemann war die bodenständige Pfälzerin jedoch nicht elegant genug. – Nicolas de Largillière, Öl auf Leinwand, um 1678.

nach einer passenden Gemahlin für ihn um. Sie sollte von möglichst vornehmer Herkunft, im gebärfähigen Alter und natürlich katholisch sein. Schließlich war diese Konfession in Frankreich die Staatsreligion.

An Liselotte von der Pfalz, die bestenfalls eine dieser Voraussetzungen erfüllte, dachte natürlich niemand – bis auf Anna Gonzaga, die Witwe von Liselottes 1663 verstorbenem Onkel Eduard. Sie brachte plötzlich den Namen ihrer deutschen Nichte ins Spiel. Es ist nicht ganz klar, wem sie mit diesem Vorschlag einen Gefallen tun wollte – Ludwig XIV., ihrem Schwager Karl Ludwig von der Pfalz oder möglicherweise sich selbst. Nun galt Monsieur Philipp zweifellos als die beste Partie auf dem fürstlichen Heiratsmarkt. Warum also sollte man nicht eine Verbindung des kurpfälzischen Hauses mit dem französischen Königshof ins Auge fassen? Eine erfolgreiche Heiratsvermittlung würde schließlich auch Anna Gonzagas Ansehen erheblich vergrößern.

Das Problem mit der „falschen" Konfession würde sich sicherlich lösen lassen. Allerdings war Liselotte als Tochter eines deutschen Kurfürsten und Prinzessin aus der Provinz dem ins Auge gefassten Bräutigam nicht gerade ebenbürtig. Obendrein waren die Pfälzer vergleichsweise arm. Es hatte also nicht den Anschein, als würde Annas Vorschlag auf fruchtbaren Boden fallen. Doch Ludwig XIV. erkannte gleich den großen politischen Vorteil, den sein Land aus dieser Verbindung ziehen könnte: Kurfürst Karl Ludwig hatte nur einen einzigen Sohn. Sollte dieser kinderlos sterben, könnte der „Sonnenkönig" selbst im Namen von Liselotte Erbansprüche auf die Rheinpfalz stellen. Das war vorerst jedoch reine Spekulation. Noch war Kurprinz Karl noch nicht einmal verheiratet. Erst 1671 sollte er Wilhelmine Ernestine von Dänemark (1650–1706) zum Traualtar führen, eine Tochter Friedrichs III. Aber der „Sonnenkönig" fand an dieser Option zunehmend Gefallen.

Und Karl Ludwig von der Pfalz? Auch er hatte großes Interesse an der Verbindung seiner Tochter mit Monsieur. Die verwandtschaftliche Nähe zum mächtigsten Mann Europas schien ihm Garantie zu sein, dass Ludwig XIV. im Notfall seine schützende Hand über das kleine Kurfürstentum halten würde. Dass er diese

Absicherung mit dem Lebensglück seiner Tochter bezahlte, schien in diesem Zusammenhang zweitrangig zu sein. Karl Ludwig ahnte nicht, dass er mit seiner Zustimmung einen riesigen Fehler beging, den er nur wenige Jahre später zu spüren bekommen sollte.

Nur einer sah in der Ehe mit Liselotte von der Pfalz überhaupt nichts Vorteilhaftes: Philipp von Orléans selbst. Gegen seinen ausdrücklichen Willen konnte der 30-Jährige aber nicht zur Hochzeit gezwungen werden, auch nicht von seinem scheinbar allmächtigen Bruder. Doch Ludwig XIV. kannte Mittel und Wege, Monsieur zu überzeugen. Sein „Joker" war Philippe de Lorraine-Armagnac (1643–1702), besser bekannt als Chevalier de Lorraine, Favorit und Herzbube von Monsieur. Wie es hieß, war der äußerst attraktive Chevalier, „der aussieht, wie man Engel malt", der einzige Mensch, den Philipp in seinem Leben wirklich geliebt hat. Ihm konnte er keinen Wunsch abschlagen, wobei seine Großzügigkeit schamlos ausgenutzt wurde. Der Herzog von Saint-Simon (1675–1755), der seit 1691 am französischen Königshof lebte, schrieb später in seinen Memoiren: „Seine Macht über Monsieur bedeutete für ihn nur, dass er die Mittel hatte, verschwenderisch zu leben, und zwar sein ganzes Leben lang auf fremde Kosten."

Mit seinem verhängnisvollen Einfluss auf Monsieur hatte er auch der verstorbenen Henriette Anna das Leben schwer gemacht, die es jedoch geschafft hatte, dass der intrigante Nebenbuhler schließlich vom Hof verbannt und ins italienische Exil geschickt wurde. Nach Madames Tod wurde daher gemunkelt, der Chevalier sei der Drahtzieher eines Mordkomplotts gewesen. Um Rache zu nehmen, habe er von Rom aus auf verschlungenen Pfaden einen Giftcocktail nach St. Cloud geschickt, dem die bedauernswerte Herzogin von Orléans zum Opfer gefallen sei. Tatsächlich starb Henriette Anna wohl an den Folgen einer Bauchfellentzündung, die, wenn sie unbehandelt bleibt, noch heute zum Tode führen kann.

Ein skrupelloser Mörder ist der Chevalier also kaum gewesen. Deshalb konnte Ludwig XIV. nun auch seinen größten Trumpf spielen, um sich die Einwilligung seines Bruders in die Ehe mit Liselotte zu erkaufen: Der Chevalier de Lorraine wurde begnadigt und durfte aus dem Exil nach Frankreich zurückkehren!

Liselotte wird katholisch

Liselotte ahnte lange nichts von den Eheverhandlungen, die hinter ihrem Rücken geführt wurden. Selbst nachdem der Vater sie darüber informiert hatte, musste sie offenbar Stillschweigen bewahren. Weil ihr Bruder Karl vor seiner Hochzeit das Vergnügen hatte, die höfische Ausbildung bei Sophie und Ernst August, dem Fürstbischof von Osnabrück, zu beenden, schrieb Liselotte am 12. April 1671 an ihre frühere Kinderfrau von Harling: „Mein Bruder hat gestern protestiert, ich möchte doch nicht weinen wie letztes Mal, wann er weggehe … So habe ich geantwortet: ‚Ich werde nicht weinen, dass Ihr nach Osnabrück geht, sondern dass ich nicht mitgehen darf.‘ Ich glaube, Frau von Harling wird meinen Bruder nicht mehr kennen, weil er seit den Blattern sehr verändert ist, ich fürchte, die Mäler werden ihm bleiben. Die Prinzessin von Dänemark wird mehr auf sein gut Gemüt als auf sein Gesicht sehen müssen, denn dieses wird sie richtig finden. Frau von Harling wird's wohl auch an ihm verspüren, wenn er eine Weile bei Ihnen gewesen wird sein …“ Ihre eigene bevorstehende Hochzeit erwähnte sie mit keinem Wort.

Wir haben auch keinerlei schriftliche Zeugnisse über die Gefühle, die sie bewegt haben müssen. Als zum Gehorsam erzogene Tochter wird sie ihrem Vater wohl nicht widersprochen haben. Doch es lässt sich leicht vorstellen, wie verzweifelt sie darüber gewesen sein wird, ihre geliebte Pfalz verlassen und einen Unbekannten heiraten zu müssen.

Inzwischen waren die Hochzeitsverhandlungen schon längst in die entscheidende Phase eingetreten, auch wenn das wichtigste Ehehindernis noch beseitigt werden musste. Schon Ende 1670 hatte Anna Gonzaga eine entsprechende Depesche an Karl Ludwig von der Pfalz geschickt: „Ich möchte Euch nur mitteilen, dass Ludwig XIV. diese Heirat mit Liselotte wünscht, aber als erstes die Schwierigkeit mit der Religion ansprach, worauf ich antwortete, wenn nichts anderes in Ordnung zu bringen wäre, könnte man dafür schon Rat schaffen.“ Liselotte musste also im katholischen Glauben unterrichtet werden und vor der Hochzeit konvertieren. Um die protestantischen Pfälzer aber nicht zu verprellen, sollte der Unterricht in aller Heimlichkeit abgehalten werden. Später sollte es dann so aussehen, als sei der Übertritt zum Katholizismus ihr eigener Entschluss gewesen, von dem selbst Vater Karl Ludwig überrascht worden sei.

Anfang 1671 kam Urbain Chevreau (1613–1701) nach Heidelberg, ein französischer Gelehrter, der Liselotte auf die Konversion vorbereiten sollte. Er scheint ein höchst einfühlsamer Lehrer gewesen zu sein, der nicht stur auf irgendwelchen Dogmen beharrte, sondern mit Liselotte frei über alle Glaubensfragen diskutierte. Wirklich überzeugen ließ sie sich allerdings nicht: Eine richtige Katholikin ist die Pfälzerin nie geworden, auch wenn sie den Übertritt natürlich vollziehen musste.

Der Abschied von Heidelberg rückte immer näher, und Liselotte blieb nichts anderes übrig, als tapfer die Zähne zusammenzubeißen und sich in ihr Schicksal zu fügen. Trotzdem flossen viele Tränen, als sie am 20. Oktober 1671 ihren Lieben endgültig Lebewohl sagen musste. Ihr Vater, Tante Sophie, die eigens angereist war, Bruder Karl und Halbbruder Karllutz, das „Schwarzköpfle“, begleiteten die Prinzessin noch bis Straßburg, wo Liselotte gemeinsam mit ihrem Vater den Ehevertrag unterschrieb. Erst Jahre später sollte sie merken, wie sehr man sie damit übervorteilt hatte. Nun hieß es von den Menschen, die sie am meisten liebte, Abschied zu nehmen. Während sich die Familie auf den Weg zurück nach Heidelberg machte, reiste Liselotte mit ihren neuen französischen Begleitern weiter nach Metz, wo sie zum katholischen Glauben konvertierte.

Am 16. November 1671 schickte sie folgendes Schreiben in französischer Sprache, das vermutlich Urbain Chevreau formuliert hatte, an ihren Vater: „Durchlaucht, zweifellos hat mein Übertritt zum römisch-katholischen Bekenntnis, den ich soeben vollzogen habe, Eure kurfürstliche Gnaden überrascht. Ich habe es nicht gewagt, Euch diese meine Absicht vor meiner Abreise kundzutun und flehe Euch untertänigst an zu glauben, dass ich mir nicht die Freiheit nahm aus Sorge, Euch zu missfallen und dass alle Vorurteile dieser Welt mich nicht dazu hätten bringen können, diese

Entscheidung zu treffen, wenn ich nicht geglaubt hätte, dass sie für mein Seelenheil nötig sei. Ich wage zu hoffen, Durchlaucht, dass Eure kurfürstliche Gnaden zu gerecht sind, um mir deshalb weniger Wohlwollen entgegenzubringen, und ich werde mich bemühen, in meinem Leben in allem so zu handeln, dass ich es verdiene, immer Eure ergebenste und gehorsamste Tochter genannt zu werden.

Elisabeth Charlotte“

Wie geplant heuchelte Karl Ludwig größtes Erstaunen beim Empfang dieses Briefes und gab sich völlig überrascht. So wollte er es einerseits vermeiden, seine protestantischen Untertanen zu verärgern; andererseits legte er keinen Wert auf Vorwürfe anderer evangelischer Fürsten, denen Liselottes Konversion ein Dorn im Auge sein musste. Das Schreiben kursierte daher an allen Höfen Europas.

Noch am gleichen Tag wurde Liselotte in der Kathedrale von Metz per procurationem getraut. Es handelte sich also um eine Stellvertreterhochzeit in Abwesenheit des Ehemanns, wie sie damals in höfischen Kreisen durchaus üblich war. Anstelle Philipps von Orléans begleitete ein französischer Adliger Liselotte zum Traualtar. Nach der Zeremonie ging es unverzüglich weiter nach Châlons-sur-Marne, wo die Pfälzerin endlich ihren Ehemann kennenlernen sollte.

„So geht's hier an diesem Hofe zu" –

Die ersten Jahre in Frankreich

Begegnung mit Monsieur

In Châlons wartete bereits Philipp von Orleáns auf seine junge Gemahlin, um sie in ihrer neuen Heimat zu begrüßen. Liselotte muss es ausgesprochen schwergefallen sei, ihre Überraschung auch nur halbwegs zu verbergen: Monsieur sah zwar ganz gut aus, war aber höchst seltsam ausstaffiert, ein regelrechter Paradiesvogel. Der Herzog von Saint-Simon beschrieb ihn später folgendermaßen: „Monsieur war ein kleiner, beleibter Mann, der wie auf Stelzen einherging, so hoch waren die Absätze seiner Schuhe, stets war er mit Schmuck behangen wie eine Frau, mit zahllosen Ringen, Armbändern und funkelnden kostbaren Edelsteinen, dazu eine lange schwarze breit herabfallende gepuderte Perücke und überall Bänder und Schleifen. Man sagte ihm sogar nach, dass er heimlich Rouge auflegte. Seine Nase war sehr lang, der Mund und die Augen schön, das Gesicht voll, aber ebenfalls sehr lang."

Während Ludwig XIV. als absolutistischer Herrscher Frankreichs über unumschränkte Macht verfügte, war sein jüngerer Bruder Philipp von Anfang an von sämtlichen Regierungsangelegenheiten ferngehalten worden. Die königliche Witwe Anna von Österreich (1601–1666), die nach dem Tod Ludwigs XIII. 1643 die Regentschaft für ihren unmündigen Sohn übernommen hatte, fürchtete nämlich, Philipp könne anderenfalls gegen seinen Bruder opponieren. So wuchs der Zweitgeborene ohne wirkliche Perspektive und erfüllende Aufgaben auf. Seine Frustration versuchte er durch einen ausschweifenden Lebensstil zu kompensieren, der von rauschenden Festen, riskanten Glücksspielen und Vergnügungen mit seinen diversen Günstlingen geprägt war. Aus seiner homosexuellen Veranlagung machte er kein Geheimnis. Entsprechend negativ fiel auch Saint-Simons weitere

Liselottes Ehe mit Philipp, dem Herzog von Orléans, war von ihrem Vater und dem französischen König arrangiert worden. Glücklich wurde sie nicht. Monsieur war homosexuell und fühlte sich zu gut aussehenden Männern hingezogen. Für seine Favoriten gab er ein ganzes Vermögen aus, auch Geld, das eigentlich Liselotte gehörte. – Zeitgenössische Werkstatt Pierre Mignard (1612–1695), Öl auf Leinwand.

Beurteilung aus: „Im Übrigen besaß Monsieur nur die schlechten Eigenschaften der Frauen. Bei einer mehr geselligen als geistigen Begabung, ohne alle Belesenheit, lediglich mit umfassender und genauer Kenntnis der großen Familien, der Stammbäume und Heiratsverbindungen, war er zu nichts weiter fähig. Niemand hätte körperlich und geistig schlaffer sein können als er, niemand schwächer und schüchterner, niemand von Günstlingen mehr beherrscht und getäuscht und niemand hätte mehr von ihnen missachtet und übler behandelt werden können. Da er eine Klatschbase war, außerstande, ein Geheimnis für sich zu behalten, dazu argwöhnisch und misstrauisch, streute er ständig Gerüchte aus, um Unruhen und Klatschereien zu verbreiten und so die Leute zu entzweien, zuweilen auch, um auf diese Weise etwas zu erfahren oder oft nur, um sich zu belustigen … Bei so vielen Fehlern und Schwächen, die von keinem Verdienst aufgehoben wurden, frönte er einem abscheulichen Laster, das er durch Geschenke, Zuwendung und die glänzende Stellung, mit denen er seine Lieblinge überhäufte, auf die skandalöseste Weise der Öffentlichkeit zur Kenntnis brachte. Diese Günstlinge verdankten alles nur ihm, aber sie behandelten ihn oft mit einer unglaublichen Unverschämtheit, auch brachten sie ihn immer wieder in die peinliche Lage, ihren grässlichen Zänkereien und Eifersüchteleien Einhalt gebieten zu müssen, und da all diese Leute ihre Parteigänger hatten, ging es an diesem kleinen Hof oft recht stürmisch zu …“

Auch wenn Saint-Simon ein recht harsches Urteil gefällt und Monsieur bei der einen oder anderen Sache unrecht getan hatte, so entwarf er doch ein ziemlich realistisches Bild von Liselottes Ehemann und dessen intriganter Entourage. Seine frisch angetraute Gemahlin selbst konnte über Monsieur zunächst nichts Negatives sagen. Er zeigte sich von seiner überaus höflichen und charmanten Seite und bemühte sich, ihr alles möglichst angenehm zu gestalten.

Die neue Verwandtschaft

Nach einem kurzen Aufenthalt in Châlons reiste man weiter nach Saint-Germain-en-Laye, der damaligen Lieblingsresidenz Ludwigs XIV., etwa 20 km westlich von Paris gelegen. Hier lernte Liselotte ihre neue französische Verwandtschaft kennen. Frankreichs König begrüßte seine deutsche Schwägerin mit ungeheuchelter Herzlichkeit, und es hat den Anschein, als wären sich beide auf Anhieb sympathisch gewesen. Ludwig, der gewöhnlich von raffiniert gekleideten und frisierten Hofdamen umgeben war, empfand die völlig uneitle Liselotte als erfrischenden Neuzugang. Und auch Madame, wie die Pfälzerin jetzt am Hof genannt wurde, konnte sich durchaus für den König begeistern. Während sie ihrem frischgebackenen Ehemann „mehr weibliche als Mannsmanieren" attestierte, besaß Ludwig XIV. eher virile Eigenschaften und teilte mit der robusten Liselotte die Vorliebe fürs Reiten und Jagen. Die beiden verband so etwas wie geschwisterliche Zuneigung.

Auch Königin Maria Theresia zeigte sich sichtlich erfreut. Die kleine rundliche Spanierin, die die französische Sprache noch immer nicht richtig beherrschte, hatte in der frivolen Hofgesellschaft keinen leichten Stand. Man machte sich gerne über die etwas naive Königin lustig, die offen zeigte, wie sehr sie in Ludwig verliebt war, während der seine Gunst großzügig an andere Damen verschenkte. Seine aktuelle Mätresse, Françoise-Athénaïse de Montespan (1641–1707), hielt ihre Position bereits seit vier Jahren und gab sich entsprechend hochmütig, auch gegenüber der Königin. Liselotte hingegen schloss die sanfte Maria Theresia, die weder zu Intrigen noch zu sonstigen Bosheiten fähig war, sofort in ihr Herz.

Dann wurden ihr die Kinder vorgestellt: der zehnjährige Dauphin und die beiden Töchter von Monsieur, Marie Louise (1662–1689) und Anne Marie (1669–1728). Für Marie Louise wurde die zehn Jahre ältere Liselotte so etwas wie die „große Schwester", doch bei der jüngeren, die wohl kaum Erinnerungen an Henriette Anna gehabt haben dürfte, wuchs sie schon bald in die Mutterrolle hinein. Das Verhältnis zu beiden Prinzessinnen blieb herzlich und unbelastet.

Am französischen Königshof lebte damals noch die bezaubernde Louise de la Vallière (1644–1710), die ehemalige Mätresse des Königs, die ihm vier Kinder geboren hatte, von denen zwei aber bereits gestorben waren. Schon ein Jahr später zog sie sich in ein Pariser Kloster zurück, wo sie den Rest ihres Lebens verbrachte.

Ludwigs aktuelle Mätresse, die Marquise de Montespan, war eine der schönsten und geistreichsten Frauen ihrer Zeit, die den König nicht nur mit ihren äußeren Reizen zu fesseln verstand. Sie spielte eine zentrale Rolle im höfischen „Unterhaltungsbetrieb" und fungierte auch als „Trendsetterin" in Modefragen. So hatte sie im März 1671 eine *hurluberlu* genannte Frisur kreiert, mit üppigen Locken zu beiden Seiten des Gesichts. Nahezu der gesamte weibliche Hofstaat war ihrem Vorbild gefolgt und hatte sich ähnlich coiffiert – ein untrügliches Zeichen dafür, wie hoch die Montespan in der königlichen Gunst stand. Bis sich Ludwig 1679 schließlich von ihr trennte, hatte sie ihm acht Kinder geboren, von denen er sechs legitimierte. Zur Erzieherin dieser Königskinder – die für Liselotte jedoch nichts anderes als „Bastarde" waren – hatte man 1669 Madame de Maintenon (1635–1719) bestimmt, die Witwe des Dichters Paul Scarron (1610–1660), den sie im Alter von nur 17 Jahren geheiratet hatte. Stets in schwarz gekleidet, sowohl Zeichen ihrer Witwenschaft als auch ihrer Sittenstrenge, stellte die Maintenon am lebhaft-bunten Königshof eine ungewöhnliche Erscheinung dar. Noch hielt sie sich bescheiden im Hintergrund, doch es sollte die Zeit kommen, in der sie zur „grauen Eminenz" aufstieg – und zu Liselottes „Todfeindin" wurde.

Ein neues Leben als „Madame"

Nachdem die Hochzeit von Monsieur und Madame in Saint-Germain-en-Laye ausgiebig gefeiert worden war, bezog das junge Paar das Schlösschen St. Cloud vor den Toren von Paris, das Philipp von Orléans gehörte. Leider existiert dieses Schloss, das der Dichter Pierre Corneille (1606–1684) als „das schönste von ganz Frankreich" bezeichnet hat, heute nicht mehr; nachdem es im Deutsch-Französischen Krieg 1870/71 in Flammen aufgegangen war, wurde die Ruine 1891 abgetragen. Als Liselotte hier einzog, war St. Cloud, ein ehemaliges Kloster aus der Merowingerzeit, jedoch noch ein einfacher Landsitz, wenn auch mit einem wunderschönen Garten. Erst 1676 verfügte Philipp über die nötigen finanziellen Mittel, um aus St. Cloud ein wahres Kleinod zu machen.

Für die Wintermonate und gelegentliche Aufenthalte in Paris stand dem Paar das Palais Royal zur Verfügung. Doch anders als im idyllisch gelegenen St. Cloud hat sich Liselotte in der französischen Hauptstadt niemals wohlgefühlt. Noch 1695 schrieb sie: „Sobald ich zwei Stunden in Paris bin, habe ich Kopfschmerzen …"

An ihr neues Leben und die vielen fremden Menschen, die sie von nun an umgaben, musste sich Liselotte erst einmal gewöhnen. Fast alle Verbindungen zu Heidelberg waren gekappt worden, auch ihre Hofdamen hatten sie nur bis zur Grenze begleiten dürfen. Zum einen waren sie als Protestantinnen in Frankreich unerwünscht, zum anderen fürchtete man nicht zu unrecht, eine deutsche Umgebung würde Madame das Einleben in der neuen Heimat und das „Französischwerden" erschweren oder gar unmöglich machen. Gleichwohl hat sich Liselotte mit ihren französischen Hofdamen meist gut verstanden und unter ihnen tatsächlich auch liebe Freundinnen gefunden.

Selbst wenn ihr Französisch schon vor der Hochzeit mit Monsieur nahezu perfekt gewesen war und sie sich problemlos unterhalten konnte, so vermisste Liselotte doch ihre Muttersprache. Zwar schrieb sie die allermeisten Briefe „nach Hause" auf Deutsch, doch in Frankreich hatte sie nur selten die Gelegenheit, diese Sprache zu sprechen. Deshalb war sie immer glücklich, wenn sie Besuch von ihrer Heidelberger Freundin Eleonore bekam, die seit ihrem neunten Lebensjahr mit ihr zusammen aufgewachsen war. Eleonore von Venningen, deren Vater und Bruder in kurpfälzischen Diensten standen, war inzwischen mit Georg Gottfried von Rathsamhausen verheiratet und lebte mit ihm in Straßburg. Hin und wieder ergab sich die Gelegenheit, nach Paris zu reisen, Liselotte wiederzusehen, mit ihr lange Unterhaltungen im Pfälzer Dialekt zu führen und gemeinsame Erinnerungen an die Kindheit lebendig werden zu lassen.

Am französischen Hof lernte Liselotte einige seltsame Gewohnheiten kennen, an die sie früher nicht im Traum gedacht hatte. In

Heidelberg hatte sie oft den ganzen Tag draußen verbracht, war über Wiesen und Felder gelaufen und hatte Kirschen direkt vom Baum gepflückt. Die hiesige Hofgesellschaft tat hingegen keinen Schritt zu viel und bewegte sich im Freien üblicherweise nur per Sänfte, was zwangsläufig Folgen für die Kondition der Damen und Herren hatte. Verblüfft schrieb Liselotte am 5. Februar 1672 an Tante Sophie: „Es ist nicht, dass ich hier nicht mehr spaziere oder stärker, als ich es zu tun pflegte. Aber die Leute hier sind so lahm wie Gänse, ich kenne keinen, der 20 Schritte tun kann ohne zu schwitzen und zu schnaufen." Auch ihrer alten Kinderfrau von Harling schilderte sie am 23. November 1672 humorvoll das Erlebte: „Oh, meine liebe Jungfer Uffeln! Wie kommt das einem Rauschenplattenknechtchen so spanisch vor, wenn man nicht mehr laufen und springen darf, auch gar nicht einmal in der Kutsche fahren, sondern in einer Chaise (Sänfte) muss getragen werden."

„Ich habe zwei dolle Heilige" – Liselottes Kinder

Obwohl Monsieur bekanntlich gar keine Neigungen zum weiblichen Geschlecht verspürte, so bemühte er sich doch nach besten Kräften, ein guter Ehemann zu sein. Liselotte wusste das zu schätzen und schrieb im Dezember 1672 offensichtlich zufrieden an Tante Sophie: „Ich sage nur dieses, dass Monsieur der beste Mensch von der Welt ist. Wir vertragen uns gar wohl." Freilich war die Harmonie zwischen den Eheleuten nur oberflächlicher Natur, eine gemeinsame Basis gab es nicht; dazu waren beide viel zu unterschiedlich – nicht nur, was ihre sexuelle Orientierung betraf. Philipp liebte mondäne Vergnügungen, rauschende Feste, hasste die Jagd und nahm niemals ein Buch zur Hand. Liselotte fühlte sich hingegen nur im überschaubaren Kreis vertrauter Menschen richtig wohl, las gern und schrieb zahllose Briefe an die Verwandtschaft in Deutschland. Ihre Vorliebe fürs Reiten und Jagen teilte sie mit Ludwig XIV., der die muntere Schwägerin überaus schätzte. Anders als die zimperlichen jungen Damen bei Hof ließ sie sich selbst von einem ordentlichen Regenschauer nicht aus der Fassung bringen.

Aber Liselotte war nun einmal mit Monsieur verheiratet, der sich auch bemühte, seine ehelichen Pflichten zu erfüllen – mit Erfolg. Ein Jahr nach der Hochzeit wurde Liselotte zum ersten Mal schwanger und brachte im Juli 1673 ihr erstes Kind zur Welt: Sohn Alexander. Wie es das Zeremoniell vorschrieb, war der König höchstpersönlich bei der Geburt anwesend, ebenso Monsieur, der ganz stolz war, ein „frisches und gesundes" Kind zu haben, das den Fortbestand des Hauses Orléans sichern sollte. Niemand ahnte, dass der Junge im Alter von nur zweieinhalb Jahren sterben würde.

Am 5. August 1673 schrieb die glückliche Mutter einen launigen Brief an Tante Sophie, die seit Kurzem mit ihrer Familie in Osnabrück lebte: „Was aber meinen Kleinen anbelangt, so ist er schrecklich groß und stark, dass er – mit verlöff, mit verlöff (mit Verlaub) – eher einem Teutschen und Westfäliger gleicht als einem Franzosen, wie E. L. (Euer Liebden) aus seinem contrefait ersehen werden, sobald er gemalt wird werden … Alle Leute hier sagen, dass mein kleiner Bub mir gleicht, also können E. L. wohl denken, dass es eben nicht ein gar so schön Bürschchen sein." Offenbar hatte Sophie zuvor scherzhaft vorgeschlagen, Liselottes Sohn später mit ihrer 1668 geborenen Tochter Sophie Charlotte zu verheiraten, denn in Liselottes Brief heißt es weiter: „Jedoch wenn er nur meinem Patchen (Sophie Charlotte) gefällt, dann ist alles gut, weil sie doch, wie E. L. mir schreiben, mit der Zeit ein Paar geben sollen."

Es dauerte nicht lange, bis Liselotte erneut schwanger war. Am 2. August 1674 wurde ein zweiter Sohn geboren, der nach dem Vater den Namen Philipp erhielt. Beide Söhne schienen sich prächtig zu entwickeln. Am 22. August 1675 berichtete Liselotte jedenfalls ihrer Tante Sophie: „Ich habe zwei dolle Heilige, welche den ganzen Tag Geras (Lärm/Chaos) mit Trommeln machen, dass man weder hören noch sehen kann; doch ist der Älteste seit vierzehn Tagen etwas stiller, denn es sind ihm in dieser Zeit fünf Zähne durchgebrochen … Diesen Herbst wird man ihn entwöhnen, denn er frisst ein groß Stück Brot aus der Faust wie ein Bauer. Der Kleinste ist noch stärker als er und fängt schon an, am Leitband zu gehen und will springen wie sein Brüderchen."

Doch insgeheim machte sich Liselotte Gedanken: Sie bezweifelte, dass ihre Kinder in der Obhut der Ammen und Gouvernanten wirklich gut aufgehoben waren. In Zeiten hoher Kindersterblichkeit musste man jederzeit mit dem Allerschlimmsten rechnen, und der „Kunst“ französischer Ärzte misstraute Liselotte ohnehin zutiefst – schließlich waren fünf der sechs Kinder Ludwigs XIV. frühzeitig gestorben. Deshalb klingt sie in ihrem nächsten Brief an Sophie auch wesentlich nachdenklicher: „Ich habe es zu Monsieur gesagt, wenn ich Meister wäre, so wollte ich meine Kinder in Pension nach Osnabrück zu der Frau von Harling schicken, denn alsdann würde ich versichert sein, dass sie nicht sterben würden noch gar zu delicat (verweichlicht) erzogen würden, wie man hier im Lande tut, womit sie mich aus der Haut fahren lassen.“

Liselottes schlimmste Befürchtungen bestätigten sich ein halbes Jahr später mit dem Tod des kleinen Alexander am 16. März 1676. Zu diesem Zeitpunkt war sie mit ihrem dritten Kind schwanger und Monsieur, der ihre Trauer um den ältesten Sohn sicherlich mit ihr teilte, musste schon bald zusammen mit seinem königlichen Bruder in den Krieg ziehen, wo er mit der Armee in Flandern stationiert war.

Um aller Welt die Überlegenheit Frankreichs zu demonstrieren, führte Ludwig XIV. nahezu ununterbrochen Krieg, zunächst gegen seinen Hauptgegner Spanien. Nach dem Tod des spanischen Königs Philipp IV. hatte er das Erbteil seiner Gemahlin Maria Theresia in Flandern eingefordert und 1667 die Spanischen Niederlande überfallen. Tatsächlich brachte der Friede von Aachen 1668 Frankreich den Gewinn zwölf flandrischer Städte.

Es folgte eine kurze Ruhepause, dann brach Ludwig 1672 den Holländischen Krieg vom Zaun, der sich zu einem gesamteuropäischen Konflikt ausweitete und erst 1678/79 mit dem Frieden von Nimwegen beendet wurde. Weil sich Liselottes Vater Karl Ludwig der gegnerischen Koalition angeschlossen hatte, war 1674 ein französisches Heer in die Pfalz eingefallen und hatte schwere Verwüstungen angerichtet.

Nach dem Tod ihres Ältesten war Liselotte untröstlich, wie sie am 20. April 1676 auch an Katharina von Harling schrieb: „Es ist mir unmöglich gewesen, Euch eher als nun zu antworten, denn ich

Ihre beiden Kinder hat Liselotte über alles geliebt. Als Sohn Philipp älter wurde, bereitete er ihr mit seinem unsoliden Lebenswandel manchen Kummer. Nach dem Tod Ludwigs XIV. 1715 erfüllte er als Regent jedoch viele Jahre lang gewissenhaft seine Pflichten. Liselottes Tochter Elisabeth Charlotte, die später den Herzog von Lothringen heiratete, war die Mutter des Kaisers Franz I. Stephan, Gemahl Maria Theresias. – Gouache aus dem 19. Jh. nach Pierre Mignard.

war gar zu bestürzt gewesen über den unversehenen Fall, womit mich Gott der Allmächtige heimgesucht hat, kann mich noch nicht davon erholen. Jetzt seht Ihr wohl, dass ich nicht umsonst gewünscht, dass meine Kinder unter Euren Händen sein mögen, denn ich hab mein Unglück von weitem her kommen sehen. Man hält hier eine wunderliche Anstalt mit den Kindern und ich habe zu viel gesehen, dass es auf die Länge nicht guttun würde. Mein Unglück ist, dass ich gar nicht weiß, wie man mit Kindern umgehen muss und gar keine expérience (Erfahrung) davon habe, darum muss ich glauben, was man mir hier vorschwätzt … Dies alles wird auf die Länge meiner Milz kein gut tun, und so lustig ich auch von Natur aus sein mag, so hält es doch keinen Stich bei dergleichen abscheulichem Unglücke; ich glaube nicht, dass man aus übermäßiger Traurigkeit sterben kann, denn ansonsten wäre ich ohne Zweifel draufgegangen, denn was ich in mir empfunden, ist unmöglich zu beschreiben. Wann Gott der Allmächtige diesem Kind nicht sonderlich hilft, womit ich jetzt schwanger gehe, so habe ich eine schlechte opinion (Meinung) von seinem Leben und Gesundheit, denn es ist unmöglich, dass es nicht etwas von meinem tiefen innerlichen Schmerz empfunden … Ich bin gar kein Rauschenblattenknechtchen mehr und ist mir das Rauschen abscheulich vergangen …“

Doch alles ging gut. Am 13. September 1676 brachte Liselotte eine gesunde Tochter zur Welt, die wie sie den Namen Elisabeth Charlotte erhielt, die spätere Herzogin von Lothringen. Es war eine ungewöhnlich schwere Geburt gewesen, die Liselotte am 10. Oktober auch Katharina von Harling schilderte: „Bin zehn Stunden lang in großen Schmerzen gewesen, welches mich, um die Wahrheit zu sagen, dermaßen abgeschreckt hat, dass ich gar nicht wünsche, eine Orgelpfeife daher zu setzen, wie Ihr mir schreibt, denn sie sie kommen einem gar zu sauer an …“ Trotzdem hat Liselotte beide Kinder zärtlich geliebt und sich bis zu ihrem Tod gekümmert und gesorgt. Der inzwischen zweijährige Philipp „ist Gott sei Dank in vollkommener Gesundheit so wohl als sein Schwesterchen, welche so fett ist wie eine gemästete Gans und sehr groß für ihr Alter. Nun ist eine Liselotte mehr auf der Welt.

Gott gebe, dass sie nicht unglücklicher sein möge als ich, so wird sie sich wenig zu beklagen haben." Das wird Frau von Harling beim Lesen des Briefes sicherlich gefreut haben.

Jenseits des Modezirkus

Es blieb bei diesen zwei Kindern. Nach knapp fünfjähriger Ehe und der Geburt der Tochter befand Monsieur, er habe seine ehelichen Pflichten zur Genüge erfüllt. Deshalb kündigte er an, das Bett künftig nicht mehr mit Liselotte teilen zu wollen, angeblich, weil er wegen seiner Körperfülle mehr Platz benötige und deshalb nur noch in seinem eigenen Bett schlafen wolle. Liselotte hatte nichts dagegen einzuwenden. Wie sie Jahre später der englischen Kronprinzessin Karoline von Wales schrieb, hatte sie auf den Vorschlag ihres Gemahls geantwortet: „Ja, herzlich gern, Monsieur, ich wäre sehr zufrieden damit, vorausgesetzt, dass Ihr mich nicht hassen und mir auch in Zukunft ein wenig Wohlwollen bewahren werdet."

Liselotte wusste natürlich, dass Monsieurs Körperfülle nur ein Vorwand gewesen war, um die sexuelle Beziehung zu beenden, die ihm von Anfang an lästig und unangenehm gewesen war. Bevor er das Bett mit Liselotte teilte, pflegte er den Rosenkranz zu beten, um sich des göttlichen Beistands zu versichern. Das war jetzt nicht mehr nötig. Liselottes Platz in Philipps Schlafgemach konnte nun endgültig der Chevalier de Lorraine einnehmen, der drei Monate nach der Hochzeit des Herzogs von Orléans nach Frankreich zurückgekehrt war. Seither lebte er ganz offiziell sowohl in St. Cloud als auch im Pariser Palais Royal, wo ihm zwei prachtvolle Appartements zur Verfügung standen. Liselotte hingegen schlief bis zu ihrem Tod allein und schrieb daher als 44-Jährige scherzhaft: „Wenn man Jungfer wieder kann werden, nachdem man in neunzehn Jahren nicht bei sein Mann geschlafen hat, so bin ich es gar gewiss wieder!"

Inzwischen hatte es Monsieur auch aufgegeben, Liselotte dazu zu bringen, sich optisch den Damen der höfischen Gesellschaft anzupassen und dem Diktat der wechselnden Mode zu unterwerfen.

Nachdem in Frankreich 1672 das erste Modejournal erschienen war, der *Mercure Galant*, beherzigte die gesamte Weiblichkeit die neuesten modischen Trends. Die Dame trug eine tief dekolletierte, reich bestickte Robe und der Ansatz ihres Busens wurde nur notdürftig durch ein Stofftüchlein kaschiert, wenn überhaupt. Das Haar wurde zu Locken gedreht und mit bunten Bändern, Perlen und Juwelen verziert. Die Füße steckten in zierlichen Stöckelschühchen.

Wenn sich die Damen im Freien aufhielten, trugen sie stets einen Sonnenschirm bei sich, bisweilen auch eine Gesichtsmaske, um den empfindlichen Teint zu schützen. An solchen Masken war manchmal ein Knopf befestigt, sodass man sie mit den Zähnen festhalten konnte. Ein schneeweißer Teint galt schließlich als sichtbares Zeichen aristokratischen Lebens, dem körperliche Arbeit unter freiem Himmel erspart blieb. Gleichzeitig galt es, sich stark zu schminken, Rouge aufzulegen und Schönheitspflästerchen zu benutzen, die Ende des 17. Jahrhunderts in Mode kamen. Sie waren aus Seide und in verschiedenen Formen erhältlich, als Kreis, Halbmond, Herz oder Stern, und erfüllten den Zweck, den weißen Teint nochmals hervorzuheben. Außerdem boten sie die Möglichkeit, Pockennarben und andere Schönheitsfehler diskret zu verbergen.

Liselotte machte diesen ganzen modischen Firlefanz nicht mit, obwohl Monsieur gleich nach der Hochzeit alles getan hatte, um seine junge Frau in die Kunst des richtigen Make-ups einzuweihen. Schließlich wirkte die bäuerische Frische der jungen Pfälzerin am eleganten französischen Hof etwas unpassend. Auf diese Weise hatte er sich fünf Jahre lang bemüht, nett zu ihr zu sein und in Schönheitsfragen ein gemeinsames Interesse zu finden, während es ansonsten keine Gemeinsamkeiten gab.

Madame fand jedoch Puder, Rouge und Schönheitspflästerchen ebenso überflüssig wie tief ausgeschnittene Dekolletees und kunstvolle Hochfrisuren, die etwas später in Mode kamen: „Wenn Ihr sehen könntet“, schrieb sie am 8. Oktober 1688 an Tante Sophie, „mit welcher Mühe sich die Weiber hier abscheulich machen, würdet Ihr von Herzen darüber lachen. Ich für meinen Teil kann mich an diese Maskeraden nicht gewöhnen, aber jeden Tag setzt man die Frisuren höher auf. Ich glaube, man wird endlich gezwungen sein, die Türen höher zu machen, denn sonst wird man nicht mehr in die Zimmer ein- und ausgehen können." Ganz allein stand Liselotte mit ihrer Weigerung, den ganzen Modezirkus mitzumachen, allerdings nicht. Auch Königin Maria Theresia verzichtete auf glamouröse Kleidung und zeigte sich nur hochgeschlossen, so wie es die spanische Mode vorschrieb. Das gleiche galt für die „schwarze Witwe" Madame de Maintenon.

Und doch wurde Liselotte einmal zur „Trendsetterin", wenn auch eher unfreiwillig: Am 14. Dezember 1676 berichtete sie ihrer Tante Sophie: „Dieses macht auch, dass ich jetzt sehr à la mode bin, denn alles, was ich sage und tue, das admirieren die Hofleute, auch das, wie ich mich jetzt bei dieser Kälte bedacht, meinen alten Zobel anzutun, um wärmer um den Hals zu haben, so lässt jetzt jedermann auch einen machen und es ist die größte Mode; welches mich wohl lachen macht, denn eben dieselben, die jetzt diese Mode admirieren und selber tragen, haben mich vor fünf Jahren ausgelacht und so sehr meinen Zobel beschrieen, dass ich ihn seither nicht mehr hab antun dürfen. So geht's hier an diesem Hofe zu, wenn die courtisans sich was einbilden, dass einer en faveur ist, so mag er tun, was er will …" Liselottes alter Zobel, den man übrigens nach der Pfälzer Prinzessin „Palatine" nannte, wurde vorübergehend zum unverzichtbaren Modeaccessoire – ein sichtbares Zeichen dafür, dass sich Madame der Gunst des „Sonnenkönigs" erfreute. Doch am französischen Hof hatte alles seine Zeit, und es dauerte nicht lange, bis die Damen die „Palatine" wieder ablegten und in der Schublade verschwinden ließen.

Höfische Vergnügungen

Das königliche Unterhaltungsprogramm, dem sich kein Höfling entziehen konnte, war recht anstrengend, auch wenn die wahre Bühne des „Sonnenkönigs", Schloss Versailles, damals noch eine Baustelle war. Der Hof versammelte sich meist in Saint-Germain-en-Laye, oftmals aber auch in Fontainebleau, dessen waldreiche Umgebung ein wunderbares Jagdgebiet darstellte. Der König verlangte, dass Madame und Monsieur stets mit von der Partie waren, Philipp als Bruder des Königs und Liselotte als – gleich nach Königin Maria Theresia – ranghöchste Dame am französischen Hof. Hin und wieder traf man sich aber auch schon in Versailles, dem alten Jagdschloss Ludwigs XIII. Von dort aus schrieb Liselotte am 4. November 1677 an Sophie: „Ich gehe alle zwei Tage und sehr oft zwei und drei Tage hintereinander mit dem König auf die Jagd … Die Lust von der Hirschjagd ist unserem König jetzt ganz aufs neue angekommen, des bin ich recht froh und folge ihm so oft es möglich ist, denn ich liebe die Jagd ebenso sehr wie Ihre Majestät und das ist ein rechter Lust für ein Rauschenblattenknecht wie ich bin, denn man darf sich da nicht viel putzen noch rot antun allwie bei den bals."

Die Jagd ging meist vom Morgen bis in die Nachmittagsstunden. Anschließend zog man sich um, aß eine Kleinigkeit und begab sich dann an die Spieltische. Während Monsieur sich strikt weigert, an den Jagdausflügen teilzunehmen, war er beim Glücksspiel stets mit von der Partie. Liselotte hingegen fand keine Freude daran. Sie hat nur einmal gespielt, weil Ludwig XIV. ihr das Geld für den Einsatz geschenkt hatte. Nachdem sie die ganze Summe verloren hatte, setzte sie sich nie wieder an einen Spieltisch, wie sie am 12. August 1675 auch an Sophie schrieb: „Wir spielen hier alle Tage ein Spiel, so man Hoca nennt; ich weiß nicht, ob E. L. es kennen; und wie mein Beutel nicht gar wohl versehen war, so hat mir Ihre Majestät der König 2000 Pistolen (Goldmünzen, die 1640 in Frankreich eingeführt wurden) zu spielen gegeben, allein ich bin so unglücklich und habe schon seit vierzehn Tagen 1700 verloren, also wird mein Spiel bald ein Ende haben." „Hoca" war ein Glücksspiel mit hohen Einsätzen, bei dem sich schon viele ruiniert hatten, eine Art Vorläufer des Roulette. Großer Beliebtheit erfreute sich auch das aus Spanien stammende Kartenspiel „Lomber" (oder „L'hombre"), das möglicherweise Maria Theresia am französischen Hof eingeführt hatte. „Lomber", aus dem später das Skatspiel hervorgegangen ist, zeichnete sich durch das Prinzip des Reizens aus, war aber schwierig und kompliziert. Unsummen wurden hier verspielt. Auch Liselotte musste tatenlos zusehen, wie

Monsieur das Geld mit vollen Händen regelrecht zum Fenster hinauswarf – später, wie sich zeigen sollte, sogar Geld, das eigentlich ihr gehörte.

Auch außerhalb der Jagdsaison verstand es Ludwig XIV., seinen Hofstaat permanent zu beschäftigen. Der Tag bot nur wenig Freiraum, Vergnügungen aller Art hielten die Hofgesellschaft in Atem: Gondelpartien, Maskenbälle und andere Feste. Abends versammelte man sich gewöhnlich, um sich die neuesten Theateraufführungen anzusehen, die vorzugsweise aus der Feder berühmter Dichter wie Pierre Corneille, Jean Racine oder Molière stammten und das Publikum hellauf begeisterten. Das Hofzeremoniell und die fast ununterbrochenen Lustbarkeiten dienten Ludwig XIV. dazu, den Hochadel an sich zu binden. Politisch entmachtet drängten sich die Adligen zu den Hofämtern, die nicht nur hohe Ehren, sondern auch ansehnliche Einkünfte versprachen. Doch es herrschte Anwesenheitspflicht. Ein Adliger, der sich längere Zeit nicht blicken ließ, fiel beim König in Ungnade.

Wiedersehen mit Tante Sophie

Trotz allem fühlte sich Liselotte in diesen ersten Jahren am französischen Hof ausgesprochen wohl, selbst wenn es sie noch immer sprachlos machte, was sich hier mitunter abspielte: „Zudem ist man hier auch nicht so delikat (zimperlich) hier im Lande, sondern man spricht frei genug von allerhand natürliche Sache“, teilte sie Sophie in ihrem Brief vom 4. Juli 1678 mit. „Man redt hier ohne Scheu von Jungfer Katherine (Menstruation) und die Königin, die so eine ehrbare Frau ist, spricht an öffentlicher Tafel und mit allen Mannsleuten davon …“

Sieht man vom Tod ihres kleinen Sohnes ab, so hatte Liselotte bislang in ihren Briefen nach Deutschland fast immer humorvoll von ihrem neuen Leben in Frankreich berichtet. Doch langsam mischten sich bittere Töne in ihre Zeilen. So schrieb sie am 14. November 1678 an Sophie plötzlich von „Cabale“, die ihr zu schaffen machte: „Die Jagden machen mich nicht so alt und hässlich als die Cabale, welche mir seit sieben Jahren so viele Runzeln hat ziehen lassen, dass ich das Gesicht ganz voll davon habe." Es ist kaum anzunehmen, dass das Gesicht der 26-Jährigen von Sorgenfalten durchzogen war, doch dass Liselotte Kummer hatte, ist eindeutig. Auch wenn sie in ihrem Brief nicht näher darauf einging, so kann man doch davon ausgehen, dass der Chevalier de Lorraine und seine Kumpane dahintersteckten. Monsieurs Busenfreund hatte bekanntlich schon der verstorbenen ersten Madame Henriette Anna das Leben erschwert, und nun scheint er auch gegen Liselotte intrigiert zu haben. Dass sie sich so gut mit ihrem Schwager verstand, scheint dem Chevalier nicht gepasst zu haben. Fürchtete er, Liselotte könnte sich beim König beschweren, dass Monsieur ihn und andere Günstlinge so großzügig mit Geld und Geschenken überhäufte?

Doch die dunklen Wolken scheinen sich schon bald wieder aufgelöst zu haben, denn Tante Sophie hatte angekündigt, im Spätsommer 1679 gemeinsam mit ihrer inzwischen 11-jährigen Tochter Sophie Charlotte nach Frankreich zu reisen. Sie wollte bei dieser Gelegenheit einen Abstecher nach Maubuisson machen, um ihre Schwester Luise Hollandine zu besuchen, die seit 1664 dem Kloster als Äbtissin vorstand. Doch der eigentliche Grund der langen Reise war Sophies ausdrücklicher Wunsch, Liselotte nach nunmehr acht Jahren endlich wiederzusehen. Und vielleicht würde es ihr sogar gelingen, das Angenehme mit dem Nützlichen zu verbinden. Nicht umsonst sollte Sophie Charlotte ihre Mutter begleiten; immerhin konnte man sich nicht früh genug auf dem fürstlichen Heiratsmarkt nach einem standesgemäßen Bräutigam umsehen. Schließlich hatte Liselotte in ihren Briefen immer wieder gewisse Andeutungen gemacht, die in Sophie große Erwartungen weckten. Dabei ging es um nichts Geringeres als eine mögliche Ehe ihrer Tochter mit dem französischen Thronerben, dem 1661 geborenen Dauphin. Man würde zwar noch einige Zeit warten müssen, aber vielleicht in drei, vier Jahren …

Der offizielle Anlass der Reise war allerdings ein anderer: Liselottes 17-jährige Stieftochter Marie Louise sollte am 31. August 1679 mit dem nachmaligen spanischen König Karl II. (1661–1700) verheiratet werden. Madame hätte der jungen Frau, die sie wie eine kleine Schwester liebte, von Herzen einen anderen Ehemann gewünscht, doch Ludwig XIV. hatte es so entschieden. Hatte man in Spanien erst einmal einen „Fuß in der Tür", so waren etwaige Erbansprüche später nicht auszuschließen – eine Überlegung, die auch der Hochzeit von Monsieur und Liselotte vorausgegangen war.

Dass seine Nichte nun einen kränklichen und schwächlichen Mann heiraten sollte, vermutlich das bedauernswerte Opfer einer Heiratspolitik, die jahrzehntelang enge Verwandte zueinander geführt hatte, scheint Ludwig XIV. kaltgelassen zu haben. Wenn es um die Vormacht des Landes ging, konnte der König sich keine sentimentalen Gefühle leisten.

Das Wiedersehen mit Tante Sophie rückte näher: „Ich werde bald alle Stunden zählen, bis diese glückliche Zeit herankommt", schrieb Liselotte am 9. August 1679 aus Paris. Zwei Wochen später, am 22. August, war es endlich so weit. Weil Liselotte wusste, dass Sophies erste Station in Frankreich Maubuisson sein würde, entschloss sie sich, ihre Tante bereits dort zu überraschen – doch dann war sie selbst die Überraschte, denn Sophie befand sich nicht nur in Begleitung ihrer Tochter, sondern sie hatte auch Katharina von Harling mitgebracht, Liselottes ehemalige Kinderfrau. Beim Wiedersehen flossen zahlreiche Freudentränen, und man hoffte, in den nächsten Wochen so viel Zeit wie möglich miteinander verbringen zu können.

Nach der prokuratorischen Hochzeit von Marie Louise und ihrem Abschied aus Frankreich lud Ludwig XIV. die deutschen Damen ein, sein gewaltiges Bauprojekt Versailles zu besichtigen. Das Schloss und die Parkanlagen nahmen allmählich Gestalt an, wobei sich Sophie als große Gartenfreundin vor allem für das Werk André Le Nôtres interessiert haben dürfte, des großen Gartenarchitekten, der mit dem Park von Versailles maßgeblichen Einfluss auf die Parkgestaltung in ganz Europa ausübte.

Leider verging die „glückliche Zeit" viel zu schnell, und am 22. September 1679 musste sich Liselotte von ihrer geliebten Tante, der kleinen Cousine und der alten Kinderfrau verabschieden, diesmal für immer. Doch so sehr sie den Besuch auch genossen hatte – aus ihrem heimlichen Heiratsprojekt war leider nichts geworden. Aus welchem Grund hätte sich Ludwig XIV. auch mit einem unbedeutenden, obendrein protestantischen deutschen Herzogtum verbinden sollen, das im Holländischen Krieg zur gegnerischen Partei gehört hatte? Der Traum war spätestens ausgeträumt, als sich Gerüchte verdichteten, der Dauphin werde die bayerische Prinzessin Maria Anna (1660–1690) heiraten. Diese Verbindung, die die traditionellen Bande zwischen Frankreich und dem katholischen Bayern verstärken sollte, war ungleich vorteilhafter für die Außenpolitik Ludwigs XIV. Zudem war Maria Annas unlängst verstorbener Vater, Kurfürst Ferdinand Maria, im Holländischen Krieg Frankreichs Verbündeter gewesen. Dass die Prinzessin in dem Ruf stand, „entsetzlich hässlich und immer kränklich“ zu sein, war deshalb nicht weiter von Belang. Tatsächlich wurde die Hochzeit bereits am 28. Januar 1680 gefeiert.

Die 1668 geborene Nichte Liselottes, Sophie Charlotte, wurde hingegen vier Jahre später mit dem Kurprinzen von Brandenburg verheiratet, dem nachmaligen König Friedrich I. in Preußen.

Der Aufstieg der Maintenon

Mit der Hochzeit des Dauphins bahnten sich am Hof entscheidende Veränderungen an. Ludwig XIV. hatte nämlich das wichtige Amt der Hofdame von Maria Anna der langjährigen Gouvernante Madame de Maintenon übertragen, die ihn auch in dem Beschluss bestärkt hatte, die bayerische Prinzessin zu seiner Schwiegertochter zu wählen. Früher hatte Ludwig die fromme, sittenstrenge „schwarze Witwe“ nicht ausstehen können, weil sie die frivole, vergnügungssüchtige Hofgesellschaft immer wieder kritisierte. Allmählich aber spürte der König, dass es die Erzieherin der Montespan-Kinder wirklich ernst meinte und er ihrem Urteil vertrauen konnte. Sie schien ehrlich um sein Seelenheil besorgt zu sein, weswegen sie ihm auch unablässig ans Herz legte, die liederliche Mätressenwirtschaft endlich zu beenden. Und Ludwig XIV. wurde tatsächlich nachdenklich.

Damit begann der Stern der Montespan, königliche Mätresse seit 1667, rapide zu sinken. Schon auf den Hochzeitsfeierlichkeiten von Marie Louise im Sommer 1679 hatten die Gäste beobachten können, wie Ludwig XIV. ungeniert mit der blutjungen Marie Angelique de Fontanges (1661–1681) flirtete, während die Montespan das Ganze mit unverhohlener Eifersucht zur Kenntnis nahm. Eine dubiose Giftaffäre beschleunigte das Ende ihrer Mätressenkarriere und gleichzeitig den Aufstieg der Maintenon, die damit zu Liselottes „Todfeindin" wurde.

Seit den 1670er-Jahren kursierten am französischen Hof seltsame Geschichten, die sich um Hexenkünste, Alchemie und Liebestränke rankten, die auch von Mitgliedern der höfischen Gesellschaft gerne in Anspruch genommen worden seien. Schlimmer noch: Damals florierte in Paris der Handel mit diversen Giften, vor allem mit Arsen. Diese Substanz hat den unschlagbaren Vorteil, dass sie völlig geruchs- und geschmacksfrei ist, sodass sie problemlos Speisen und Getränken beigemischt werden kann. Dabei hat der potenzielle Mörder die Wahl, entweder gleich eine tödliche Dosis zu verabreichen oder sein Opfer ganz langsam zu vergiften. Im 17. Jahrhundert erregten die damit einhergehenden Symptome wie Übelkeit, Erbrechen und heftige Durchfälle meist keinen Verdacht, denn in Zeiten mangelnder Hygiene und schlechter Wasserqualität kamen Magen- und Darminfekte durchaus häufiger vor. Und doch verbreitete sich bei unerklärlichen Todesfällen – wie bei Henriette Anna, der ersten Madame – rasch das Gerücht, es sei gewiss Gift im Spiel gewesen.

Genau das passierte auch nach dem frühen Tod der erst 20-jährigen Marie Angelique de Fontanges. Es hieß, die Montespan habe ihre Rivalin vergiftet. Zunächst habe sie sich in Paris nur einen Liebestrank besorgt, um die Gunst des Königs wiederzuerlangen. Als das nicht half, soll sie den perfiden Plan gefasst haben, ihre Nebenbuhlerin endgültig zu beseitigen. Wie gemunkelt wurde, hätten zwei angebliche Stoffhändler der Fontanges ein mit Arsen versetztes Stück Seide verkauft, das den Benutzer zu einem langsamen Tod verurteilte. Misstrauisch wurde man, als die junge Frau wenig später schwerkrank den Hof verließ, um sich in das nahe gelegene Zisterzienserinnenkloster Pont Royal zurückzuziehen, so wie es bei „abgelegten“ Mätressen der Brauch war. Ihr erbarmungswürdiger Zustand machte eine Vergiftung durchaus glaubhaft. Als sie im Juni 1681 starb, ließ Ludwig XIV. sofort eine Obduktion anordnen, um den Verdacht zu zerstreuen. Obwohl im Körper der Toten nichts Auffälliges entdeckt wurde, brodelte die Gerüchteküche weiter. Der König ließ sich davon allerdings nicht beirren. Zwar verlor die Montespan ihre Stellung als Mätresse, doch sie durfte weiter am Hof bleiben. Erst 1691 zog sie sich in ein Kloster zurück, in dem sie 1707 gestorben ist.

Liselotte verfolgte diese mysteriösen Ereignisse nur aus der Ferne. Sich selbst wähnte sie weiterhin in der Gunst des Königs, zumal sie sich inzwischen mit der Dauphine Maria Anna angefreundet hat. Dass sie dabei von der Maintenon misstrauisch beäugt wurde, scheint ihr anfangs gar nicht aufgefallen zu sein. Überhaupt hatte bislang niemand bemerkt, dass die „schwarze Witwe“ Liselotte nicht leiden konnte. Zwar konnte sie Madame weder Frivolität noch sonstige Charakterschwächen vorwerfen, aber allein die Tatsache, dass sie eine gebürtige Protestantin war und den katholischen Glauben nicht ernst zu nehmen schien, war Grund genug, ihr mit Misstrauen zu begegnen. Dass sich Liselotte und Maria Anna so gut verstanden, passte der Maintenon ebenfalls nicht und führte auch zu heftigen Auseinandersetzungen mit der Dauphine, die anschließend bei Madame ihr Herz auszuschütten pflegte. Liselotte vertraute ihrer neuen Freundin so sehr, dass sie überhaupt nicht auf die Idee kam, diese könne das Vertrauen möglicherweise missbrauchen. Die intelligente und gebildete Maria Anna konnte am französischen Königshof nie richtig Fuß fassen. Abgesehen davon, dass sie drei Kinder hatten, schien sie nichts mit ihrem eher tölpelhaften Ehemann gemein zu haben. Zwar war der Dauphin ein charmanter, freundlicher und gutmütiger Mann, doch seine Interessen beschränkten sich auf die Jagd, das Glücksspiel sowie gutes und reichliches Essen. Maria Anna konnte sich daher glücklich schätzen, in Liselotte eine verständnisvolle Vertraute zu haben.

Dass auch Ludwig XIV. damals anfing, sich von Liselotte abzuwenden, hatte verschiedene Gründe. Die Entwicklung begann mit einem schweren Schicksalsschlag. Am 28. August 1680 starb völlig unerwartet Liselottes Vater, Kurfürst Karl Ludwig von der Pfalz, im Alter von 62 Jahren an einem Schlaganfall. Während sie der Tod ihrer „Stiefmutter" Luise von Degenfeld, die 1677 im Kindbett gestorben war, kaum berührt hatte, stürzte sie diese Nachricht in völlige Verzweiflung: „Euer Liebden aber zu sagen, was ich empfinde und wie mir Tag und Nacht zumute ist, wäre nur schwerlich zu beschreiben", heißt es wenige Tage später in einem Brief an Sophie, die inzwischen an der Seite Ernst Augusts zur Herzogin von Hannover aufgestiegen war. In ihrem Kummer ging Liselotte sogar so weit, Ludwig XIV. zu beschuldigen, den Tod ihres Vaters verursacht zu haben „durch den chagrin (Kummer), so sie ihm gegeben." Doch hier ging Madame eindeutig zu weit. Die Verwüstung der Pfalz durch französische Truppen lag immerhin schon sechs Jahre zurück und war inzwischen längst in Vergessenheit geraten. Tatsächlich hatte der Tod des Kurfürsten wohl ganz andere Gründe, die im Zusammenhang mit einem eher ungesunden Lebensstil standen, den deftigen Speisen und dem guten Pfälzer Wein. Doch Liselotte steigerte sich regelrecht in die Vorstellung hinein, Ludwig XIV. habe ihren Vater in den Tod getrieben. Ihrem Bruder, dem nunmehrigen Kurfürsten Karl II. schrieb sie daher: „Ja, ehe er Papa so verfolgt hat, muss ich gestehen, dass ich ihn sehr lieb hatte und gerne bei ihm war." Ahnte Liselotte nicht, dass man ihre Post nach Deutschland kontrollierte und solche Äußerungen direkt an den König weitergab? Zwar war die Pfälzerin ein grundehrlicher Mensch, doch sie konnte auch schroff, stur und eigensinnig sein und damit selbst Leute, die es gut mit ihr meinten, bisweilen vor den Kopf stoßen.

Verständlicherweise hatten die Unterstellungen seiner Schwägerin Ludwig XIV. ziemlich verstimmt, und das ließ er sie auch spüren – mit bösen Folgen. Die Tatsache nämlich, dass Madame in der königlichen Gunst abgestiegen war, nutzte eine intrigante

Clique um den Chevalier de Lorraine, um sie noch weiter zu diskreditieren. So schrieb Liselotte am 12. September 1682 an Sophie: „Ich wollte tausendmal lieber an einem Ort wohnen, wo böse Geister und Gespenster regieren, denn denen ließe unser Herrgott keine Macht über mich; diese verfluchten Rittergeister aber, die nur zu viel Fleisch und Bein haben, denen lässt der König und Monsieur alle Bosheit zu …“

Was war geschehen? Monsieurs Günstlinge von St. Cloud, deren „Cabale“ Madame schon vor vier Jahren zugesetzt hatte, hatten nun ein böses Gerücht verbreitet, das ihr Ansehen und Ehre nehmen sollte. Auf perfide Weise nutzten sie die Tatsache, dass Liselotte und Monsieur schon seit Jahren in getrennten Betten schliefen: Lag es da nicht nahe, dass sich Madame einen Liebhaber nahm? Angeblich handelte es sich um den Ritter von Saint-Saëns, einen „sehr klugen und sehr gut aussehenden“ Edelmann aus der Normandie, der vorübergehend Gast am französischen Königshof gewesen war und auch an den obligatorischen Jagdausflügen teilgenommen hatte. So waren Liselotte und er ins Gespräch gekommen, was an sich völlig harmlos war, von ihren Gegnern jedoch anders gedeutet wurde. Jetzt hieß es nämlich, Madame unterhalte mit ihrem angeblichen Geliebten einen heimlichen Briefwechsel und habe ihm aus Dankbarkeit sogar eine größere Summe geschenkt.

Die Gerüchte verbreiteten sich wie ein Lauffeuer und kamen natürlich auch Liselotte zu Ohren. Sie wandte sich unverzüglich an den König, der solche und ähnliche Geschichten schon tausendfach gehört und sich angewöhnt hatte, sie gar nicht erst zur Kenntnis zu nehmen. Obwohl er auf seine Schwägerin nicht mehr so gut zu sprechen war, hegte er an ihrer Unschuld doch keinerlei Zweifel und riet ihr, die gemeinen Anschuldigungen einfach zu ignorieren. Mit der Zeit würden sie schon in Vergessenheit geraten. Der gleichen Meinung waren auch Königin und Dauphine. Doch Liselotte wollte sich einfach nicht beruhigen, suchte Ludwig erneut auf – und ging ihm damit gehörig auf die Nerven. Er konnte und wollte ihr nicht helfen, obwohl sie entsetzlich unter den Schikanen der Günstlinge litt, denen sich unterdessen auch Monsieur selbst angeschlossen hatte. Das Verhältnis der beiden war zu diesem Zeitpunkt völlig zerrüttet und Liselotte hielt es in seiner Gegenwart kaum aus. Sie konnte es nicht ertragen, dass ihr guter Ruf so beschmutzt worden war, und spielte sogar mit dem Gedanken, sich ins Kloster zurückzuziehen, vorzugsweise zu ihrer Tante Luise Hollandine nach Maubuisson. Das teilte sie auch dem König mit, der ihr daraufhin allerdings klipp und klar seine Meinung sagte: „Schlagt Euch das aus dem Kopf, denn solange ich lebe, werde ich meine Einwilligung dazu nicht geben und mich mit aller Macht widersetzen. Ihr seid Madame und verpflichtet, diese Stellung zu halten. Ihr seid meine Schwägerin und die Freundschaft, die ich für Euch empfinde, gestattet es mir nicht, Euch für immer weggehen zu lassen. Ihr seid die Frau meines Bruders, also werde ich nicht zulassen, dass Ihr ein derartiges Aufsehen erregt, das ihm in den Augen der Welt schaden würde.“

Nach dieser klaren Ansage hatte Liselotte keine andere Wahl als sich zu fügen und dem König Gehorsam zu schwören. Der Wind hatte sich gedreht. Zwar arrangierte Ludwig XIV. noch eine offizielle Versöhnung von Madame und Monsieur, bei der sich alle drei demonstrativ umarmten, doch das änderte nichts daran, dass der König sich von Liselotte abgewandt hatte. Sie spürte, dass er ihr gegenüber „ganz und gar verändert“ schien; die alte Vertrautheit und Zwanglosigkeit waren verschwunden. Liselotte war am Hof nicht mehr à la mode.

„Das alte Weib, die Maintenon" –

Liselotte gerät ins Abseits

Der trügerische Glanz von Versailles

Im Mai 1682 war der französische Hof endgültig nach Versailles umgezogen. Das prächtige neue Schloss, steingewordener Ausdruck der königlichen Machtstellung, bot Ludwig XIV. eine glanzvolle Bühne der Repräsentation, aber auch einer strengen Reglementierung. Hier lebten zwischen acht- und zehntausend Menschen, die sich Tag für Tag einem exakt festgelegten Hofprotokoll beugen mussten, das ihnen den jeweiligen Rang zuschrieb, der jedoch äußerst fragil war. Alles begann am Morgen im königlichen Schlafgemach mit dem „Lever", dem zeremoniellen Aufstehen des Königs, und endete erst mit dem „Coucher", also wenn sich Ludwig XIV. zu Bett begab. Doch wer am Morgen dem König noch das Hemd reichen durfte, was eine ganz besondere Auszeichnung darstellte, fand sich am Abend möglicherweise in der letzten Reihe wieder – Folge eines nahezu perfekten Überwachungs- und Bespitzelungssystems. So berichtete Saint-Simon: „Der König forderte die ständige Gegenwart nicht nur des gesamten hohen, sondern auch des niedrigen Adels bei seinem Lever, bei seinem Coucher, bei seinen Mahlzeiten, wenn er durch die Appartements ging oder bei seinen Spaziergängen in den Gärten von Versailles, auf denen ihn immer nur einige Höflinge begleiten durften, immer und überall ließ er die Blicke wachsam von rechts nach links schweifen, er sah und bemerkte jeden, keiner entging seiner Aufmerksamkeit, selbst jene nicht, die nicht die geringste Hoffnung hatten, gesehen zu werden, er registrierte genauestens die Anwesenheit derer, die zum Hof gehörten oder derer, die nur vorübergehend zu erscheinen pflegten … Es wurde den Vornehmen übel vermerkt, wenn sie den Hof nicht zu ihrem Aufenthalt machten, den anderen, wenn sie nur selten erschienen oder sich fast

„Sonnenkönig" Ludwig XIV. war das große Vorbild aller europäischen Fürsten. Sie übernahmen nicht nur seinen absolutistischen Regierungsstil, sondern kopierten auch die französische Mode und bauten nach dem Vorbild von Versailles. Nur seine Schwägerin Liselotte weigerte sich strikt, diesem Trend zu folgen, denn sie konnte ihre pfälzische Herkunft nie verleugnen. – Nach Claude Lefebvre, Öl auf Leinwand, um 1665–1670.

nie blicken ließen, konnte die vollkommene Ungnade gewiss sein. Wenn einer von diesen irgendeinen Wunsch äußerste, antwortete der König mit eisigem Stolz: Ich kenne ihn nicht, oder Ich habe ihn nie gesehen. Eine solche Verurteilung war unwiderruflich."

Auch Madame und Monsieur hatten auf königliche Anordnung in Versailles zu erscheinen und dem höfischen Ritual zu folgen. Dreimal in der Woche besuchte man die Oper oder sah sich Komödien an, samstags fand ein großer Ball statt, montags, mittwochs und donnerstags versammelte sich die Hofgesellschaft zum „Appartement", das in den Gemächern des Königs stattfand. Hier wurden den immer gleichen Gästen verschiedene Unterhaltungen angeboten, Musik, Tanz, Billard. In der Regel aber drängten sich die Herrschaften an solchen Abenden um die Spieltische. Liselotte hat sich hier verständlicherweise zu Tode gelangweilt, doch den Befehlen des Königs durfte sie sich als rangmäßig dritte Dame am Hof, nach der Königin und der Dauphine, natürlich nicht widersetzen.

„Durch die ignorance der Doctoren" – Tod der französischen Königin

Im Sommer des Jahres 1683 herrschte Hoftrauer. Am 30. Juli war Königin Maria Theresia nach kurzer Krankheit im Alter von 44 Jahren gestorben. Tief betroffen schrieb Liselotte am 1. August an Sophie von Hannover: „Ich gestehe, dass mir dieses recht zu Herzen gegangen ist, denn die gute Königin hat mir in all meinem chagrin (Kummer) die größte Freundschaft der Welt bewiesen. Darum können E. L. wohl leicht ersehen, wie schmerzlich es mir muss gewesen sein, sie in vier Tagen, dass sie krank war, vor meinen Augen so den Geist aufgeben zu sehen. Montag nachts bekam sie das Fieber und vergangenen Freitag um drei Uhr nachmittags ist sie verschieden und das durch die Ignorance der Doctoren, welche sie ums Leben gebracht, als wenn sie ihr einen Degen ins Herz gestoßen hätten …"

In den fast zwölf Jahren, die Liselotte nun in Frankreich lebte, hatte sich ihre Abneigung gegen die Behandlungsmethoden der hiesigen Ärzte um keinen Deut gebessert, im Gegenteil. Sie war der festen Überzeugung, dass sie gerade mit den üblichen Allheilmitteln, den Aderlässen und Klistieren, ihre Patienten regelrecht zu Tode behandelten. Doch aus ärztlicher Sicht erschien ein solches Vorgehen völlig logisch. Im 17. Jahrhundert war die akademische Medizin noch weitgehend von der antiken Vier-Säfte-Lehre beherrscht, die der griechische Arzt Hippokrates (460–370 v. Chr.) geprägt hatte. Körperliches und geistiges Befinden wurden demnach von Schleim, Blut, schwarzer und gelber Galle bestimmt. War das Mischungsverhältnis ausgeglichen, ging es dem Menschen gut; war es gestört, so wurde er krank. Ein Übermaß an „schwarzer Galle" galt damals als Auslöser für Melancholie, Depression und andere psychische Leiden. Der Arzt musste also versuchen, überschüssige Flüssigkeiten abzuleiten, sei es durch Aderlass, Schröpfen, Brech- oder Abführmittel. Bewegung an der frischen Luft, wie Liselotte sie bevorzugte, galt hingegen als kontraproduktiv. Es war ebenfalls Hippokrates, der seinerzeit behauptet hatte, giftige Ausdünstungen des Bodens erzeugten sogenannte Miasmen, die Krankheiten übertrügen. Noch im 19. Jahrhundert war man der Ansicht, dass es „üble Gerüche" waren, die Seuchen wie Typhus und Cholera verursachten.

Liselotte vertraute hingegen ihrem gesunden Menschenverstand. So schrieb sie auch am 1. August 1706 an Sophie über die Gewohnheiten der Hofgesellschaft: „Es ist viel Mode hier, sich über die Luft zu beklagen … Sie brauchen allezeit purgieren (säubern), Aderlassen, Sauerbrunnen und was sonst noch am rarsten ist … Ich sage ihnen alle Tag, wenn ich wie sie leben sollte, würd ich nicht allein kränker werden als sie, sondern auch dass ich gesund bin, weil ich nichts brauch und oft an die Luft gehe und mich bewege. Das wollen sie gar nicht glauben."

Nach dem Tod Maria Theresias begann sich der Hof zu verändern. Jetzt nämlich wurde auch dem letzten klar, dass die fromme und sittenstrenge Madame de Maintenon zur neuen Favoritin des Königs aufgestiegen war. Die Hofgesellschaft rätselte natürlich, was ihn wohl dazu bewogen haben mochte, die drei Jahre Ältere nicht nur zu seiner Mätresse zu machen, sondern vermutlich sogar zu seiner morganatischen Ehefrau. Das Gerücht von der heimlichen Hochzeit des „Sonnenkönigs" kursierte auch an den europäischen Höfen. Sophie von Hannover fragte deshalb nach, ob es tatsächlich stimme. In Liselottes Antwort vom 13. Mai 1687 heißt es: „Dass E. L. zu wissen begehren, ob es wahr ist, dass der König Madame de Maintenon geheiratet hat, so kann ich E. L. dieses wahrlich nicht sagen. Wenige Leute zweifeln daran, allein solches nicht declariert wird, habe ich Mühe, solches zu glauben …“ Doch vermutlich stimmte das Gerücht tatsächlich. Ludwig XIV. soll die Maintenon im Oktober 1683 in einer nächtlichen Zeremonie heimlich geheiratet haben.

Madame de Maintenon

Warum also hatte sich Ludwig, der bislang stets den Reizen schöner junger Frauen erlegen war, ausgerechnet für die „schwarze Witwe“ entschieden? Zum einen war Frankreichs König mit inzwischen 45 Jahren nicht mehr der Allerjüngste. Er war ruhiger geworden und begrüßte es offenbar, eine wirkliche Partnerin an seiner Seite zu haben, eine Lebensgefährtin, die ihm aufmerksam zuhörte und ihre ehrliche Meinung sagte, die sich für den „Menschen Ludwig“ interessierte. Obendrein war die Maintenon auch über politische Fragen informiert, denn bei sämtlichen Gesprächen, die der König mit seinen Ministern führte, pflegte sie anwesend zu sein: „Während sie arbeiteten, las Madame de Maintenon oder stickte an einem Wandbehang“, schrieb ein höfischer Beobachter. Sie hörte zu, „was sich zwischen dem König und dem Minister, der laut sprach, abspielte“.

Ob sie den König bei seinen politischen Entscheidungen beeinflusst hat, ist jedoch fraglich. Als überzeugte Katholikin soll sie einen Anteil an der Aufhebung des Edikts von Nantes 1685 gehabt haben, das den Hugenotten seit 1598 eine bedingte Religionsfreiheit gewährt hatte. Allerdings war Ludwig schon vor längerer Zeit dazu übergegangen, die Rechte der Protestanten zu beschneiden. Bereits seit 1679 durften sie keine öffentlichen Ämter mehr bekleiden und bestimmte Berufe (z. B. Arzt, Verleger) nicht mehr ausüben. Die Aufhebung des Toleranzedikts war also nur die logische Konsequenz.

Auch wenn Ludwig in politischen Fragen seinen eigenen Weg verfolgte, so ließ er sich doch in privaten und persönlichen Dingen auf die Ratschläge der Maintenon ein. Sein ausschweifendes Liebesleben, so mahnte sie unablässig, sei ebenso wir das frivole Hofleben dazu angetan, den König nach seinem Tod direkt in die Hölle zu führen. Ob die Maintenon tatsächlich um Ludwigs Seelenheil besorgt war oder ob sie ihn so nur enger an sich binden wollte, sei dahingestellt. Sie tat auf jeden Fall alles, um den Monarchen zurück auf den Pfad der Tugend zu führen – und hatte damit tatsächlich Erfolg, wie Liselotte im November 1685 nach Hannover schrieb: „Der König ändert sich in allem so erschrecklich, dass ich ihn nicht mehr kenne. Ich sehe aber wohl, wo alles herkommt, allein, es ist kein Mittel davor." Der Hof erstarrte in Gottesfurcht, was vorher unvorstellbar gewesen war: Buß- und Fastenzeiten wurden plötzlich sehr ernst genommen, und wer dagegen verstieß, fiel beim König sofort in Ungnade.

Auch am 11. August 1686 berichtete Liselotte in ihrem Brief an Sophie von den Veränderungen: „Ja, wer nichts mit diesem Hof hier zu tun hätte, der müsste sich halb krank lachen zu sehen, wie alles hergeht. Der König bildt sich ein, er sei devot (fromm), weil er bei kein jung Weibsmensch mehr schläft und alle seine Gottesfurcht besteht in grittlich sein, überall Spione zu haben, so alle Menschen falsch antragen … Das alte Weib, die Maintenon, hat ihren Spaß, alles, was vom königlichen Haus ist, dem König gehasst zu machen und darüber zu regieren, außer Monsieur …"

Liselotte trauerte der Zeit nach, in der sie sich mit ihrem königlichen Schwager so blendend verstanden hatte. Als Schuldige an dem abgekühlten Verhältnis machte sie die Maintenon aus, die Ludwig völlig zu beherrschen schien und die Entfremdung bewusst herbeigeführt hatte. Dass die sittenstrenge Favoritin nicht gut auf Madame zu sprechen war, lag allerdings auch an Liselotte selbst.

Liselottes „kleine Privatreligion"

Je frommer der französische Hof wurde, desto mehr musste Liselotte mit ihrer eher „legeren" Haltung in religiösen Dingen in den Fokus der Kritik geraten. Zumindest in ihren Briefen machte sie keinen Hehl daraus, wie sehr ihr der tägliche Besuch der Messe gegen den Strich ging. Am 19. März 1693 schrieb sie an die verständnisvolle Sophie: „Ich finde nichts Langweiligeres als Predigten zu hören und schlaf gleich darüber ein. Kein Opium wäre so sicher um mich schlafen zu lassen wie eine Predigt. Ich hatte einmal einen starken Husten und war drei Nächte gewesen ohne ein Aug zuzutun, da fiel mir ein, dass ich in der Kirch schlaf, sobald ich Predigen oder Nonnen singen höre; fuhr deswegen in ein Kloster, wo man predigen sollte. Die Nonnen fingen aber kaum an zu singen, da schlief ich ein und schlief die drei Stund über, die das office dauerte, welches mich wieder ganz erholte." Was sollte die Maintenon davon halten, wenn Madame während der Heiligen Messe selig schlummerte?

Auch die lateinischen Messgesänge fanden bei der gebürtigen Protestantin keinen Anklang: „Es ist doch angenehmer, wenn man selber mitsingt als wenn man das Geplärr hören muss in einer Sprache, die man nicht versteht. Das ist eine widerliche Sache, insbesondere, wenn es drei Stunden dauert … Bei den Reformierten und den Lutherischen sind die Feiertage nicht so langweilig wie bei den Katholiken. Denn zum einen dauert der Gottesdienst nicht so lange und zum anderen versteht man, was man sagt und kann mitsingen. Ich danke Dr. Luther, so hübsche Lieder gemacht zu haben …" Tatsächlich sang Liselotte Luthers „hübsche Lieder", wann immer ihr der Sinn danach stand – in ihren Gemächern, aber auch auf Spaziergängen oder wenn sie in der Kutsche unterwegs war. Merkte sie nicht, wie sehr sie damit ihre katholische Umgebung provozierte? Oder war das vielleicht sogar der Sinn der Sache? Überdies war es gefährlich, wenn nicht sogar lebensgefährlich, sich als – wenn auch verkappte – Protestantin zu „outen". Nach der Aufhebung des Edikts von Nantes 1685 mussten die Hugenotten entweder zum Katholizismus konvertieren oder das Land verlassen, was viele von ihnen auch getan haben. Anderenfalls drohte der Tod. Liselotte konnte von Glück sagen, dass sie sich mit ihrem leichtsinnigen Verhalten nur den Hass der Maintenon zuzog und keine schlimmeren Konsequenzen zu tragen hatte.

Tatsächlich aber war Liselottes religiöse Einstellung völlig undogmatisch. Sie machte keinen Hehl daraus, dass sie den „Pfaffen" jeglicher Konfession mit Misstrauen begegnete, auch den strengen protestantischen Pfarrern, die ständig Moral predigten, die Menschen von den vergnüglichen Dingen des Lebens fernhalten wollten und von der Kanzel zum Beispiel gegen Theateraufführungen wetterten. Liselotte fand das empörend: „Ihre Ambitionen, über die Menschen regieren zu wollen, ist eine viel größere Sünde als sich ein unschuldiges Spektakel anzusehen, das einen einen Moment zum Lachen bringt." Vermutlich hatte sie von Tante Sophie erfahren, dass die pietistische Bewegung, die solche Verbote einforderte, in ihrer deutschen Heimat auf dem Vormarsch war.

Allerdings gab es unter dem Einfluss der Maintenon auch am französischen Hof Überlegungen, Theateraufführungen zu verbieten. Liselotte schrieb darüber am 23. Dezember 1694 an Sophie: „Also ist die comedie gottlob geblieben, welches, wie man versichert, des großen Mannes alte Hutzel greulich verdrießen sollte, weil die Abschaffung von der comedie von ihrem Anstalt war ... Solang man die comediens nicht ganz abschafft, werde ich immer (hi)nein gehen, mögen auch die Pfaffen in den Kanzeln so viel dagegen plärren machen als man will."

Für sich selbst hatte Liselotte so etwas wie eine „kleine Privatreligion" entwickelt. In demselben Brief berichtete sie über die Begegnung mit einem Engländer, den man nach seiner Konfession gefragt hatte. Katholik? Anglikaner? Lutheraner? Hugenotte? Nachdem er alles verneint hatte, habe er seinem verwunderten Gesprächspartner erklärt: „Ich habe eine kleine Religion für mich allein." Liselotte hielt es ebenso.

Wenn es ihre Zeit erlaubte, beschäftigte sich Madame mit der Bibel, eine „gute notwendige und dabei angenehme Lektüre", wie sie befand. Doch auch dabei machte sie sich ihre eigenen Gedanken. Das Hohe Lied Salomos beurteilte sie verächtlich als die „Possen eines Verliebten", wobei sie allerdings nicht berücksichtigte, dass mit der Liebe viel mehr gemeint war als nur körperliches Begehren. Ansonsten aber waren ihr die biblischen Geschichten lieb und vertraut. Dabei fand sie es überhaupt nicht wichtig, ob jemand Christ war oder nicht: „Ein Ungläubiger kann christlicher leben als ein gläubiger Tyrann." Auch die verschiedenen Konfessionen hielt sie für völlig überflüssig, wie sie ihrer Halbschwester, der Raugräfin

Louise, am 22. Januar 1697 gestand: „Es ist eine verdrießliche Sache, dass die Pfaffen machen, dass die Christen einander so zuwider sein müssen. Die drei christlichen Religionen, wenn man meinem Rat folgte, sollten sich für eine halten und sich nicht informieren, was man drinnen glaubt, sondern nur, ob man nach dem Evangelium lebt, aber die Christen untereinander heiraten lassen und in welche Kirch gehen als sie wollen ohne es übel zu finden. So würde mehr Einigkeit unter den Christen sein als nun ist … "

Am französischen Königshof waren das freilich ketzerische Gedanken, erst recht, wenn sie im Kopf von Madame, der protokollarisch gesehen zweitwichtigsten Dame, herumspukten.

Madame unter Verdacht

Bislang hatte sich Ludwig XIV. gegenüber Liselotte zwar recht distanziert verhalten, aber wirklichen Konfliktstoff scheint es nicht gegeben zu haben. Das änderte sich im Frühjahr 1685. Es ist unklar, wer die Intrige gegen die mittlerweile 33-jährige Madame angezettelt hatte, aber vermutlich steckten erneut Monsieurs Günstlinge dahinter. Nachdem sich das Gerücht von Liselottes heimlichem Liebhaber mangels Beweisen wieder verflüchtigt hatte, wurden neue Geschütze aufgefahren. Doch diesmal steckte möglicherweise sogar ein Körnchen Wahrheit dahinter. Am 24. Mai 1685 schrieb Liselotte einen Brief an Ludwig XIV., den einzigen, der erhalten geblieben ist. Darin heißt es: „Monsieur, Sie haben mir mitteilen lassen, dass verschiedene Dinge Sie gegen mich aufgebracht hätten, ich würde schmutzige Dinge sagen, die Damen nicht hören dürften und die selbst Männer nur mit Abscheu vernehmen: ich würde Monsieur le Dauphin verderben und mich mit ihm zu freizügig unterhalten, ich hätte der Königin von Spanien Liebeshändel in den Kopf gesetzt und hätte diese in meinen Briefen noch geschürt …."

Es ist nicht ganz auszuschließen, dass Liselotte mit einer etwas „freizügigen Unterhaltung" tatsächlich die rote Linie der höfischen Etikette überschritten hat. Sie war ja bekannt dafür, bei Plaudereien kein Blatt vor den Mund zu nehmen. Insofern hat sie diesen Rüffel vielleicht sogar verdient. Der zweite Vorwurf, der ungleich schwerer wiegt, entbehrt allerdings jeder Grundlage. Seit der Hochzeit ihrer Stieftochter Marie Louise mit dem König von Spanien machte sich Liselotte große Sorgen um die junge Frau. Weil beide intensiv miteinander korrespondierten, wusste sie genau, wie sehr die Königin unter dem strengen spanischen Hofzeremoniell und der düsteren Atmosphäre litt, die im Escorial herrschte. Schon im Dezember 1679 hatte sie Sophie davon berichtet: „Ich habe heute Briefe von der Königin von Spanien bekommen. Soviel ich … daraus vernehmen kann ist Spanien das abscheulichste Land und die Manieren die abgeschmacktesten und langweiligsten, die man erdenken kann. Das arme Kind dauert mich, dass sie ihr Leben da zubringen muss: all ihr Trost sind ihre Hündchen, so sie mitgenommen hat. Man hält sie schon so gravitätisch, dass man ihr nicht erlaubt hat, mit ihrem Stallmeister zu reden, sondern sie hat ihm nur Zeichen mit Hand und Kopf gegeben, und das im Vorübergehen. Die französischen Kammermägde haben sich im Anfang nicht gewöhnen können, eingesperrt zu sein, haben alle wieder nach Frankreich gewollt …"

Inzwischen wusste Liselotte, dass alles sogar noch viel schlimmer war: Weil Marie Louises Ehe mit dem offenbar impotenten Karl II. kinderlos geblieben war, unterstellte man ihr, heimlich irgendwelche Verhütungsmittel zu benutzen, um nicht schwanger zu werden. Doch die antifranzösische Partei, die sich am spanischen Hof etabliert hatte, ging noch viel weiter: Um die verhasste Königin zu kompromittieren, brachten ihre Gegner im Frühjahr 1685 gefälschte Liebesbriefe in Umlauf und unterstellten ihr eine Affäre mit jenem französischen Offizier, der sie nach ihrer Hochzeit 1679 bis zur spanischen Grenze begleitet hatte. Als Ludwig XIV. davon erfuhr, warf er Liselotte vor, ihre Stieftochter Marie Louise nicht richtig erzogen zu haben. Madame war natürlich außer sich: „Ich flehe Sie nochmals an, mir zu glauben. Ich kenne die Verleumder nicht, aber ich weiß, dass sie Ihnen keine wirkliche Hochachtung entgegenbringen können, da sie die Dreistigkeit besitzen, Ihre Majestät verhasst zu machen." Unklar ist, wen sie mit den Verleumdern meinte – wohl den Chevalier de Lorraine und Konsorten oder möglicherweise Madame de Maintenon.

Obwohl die Gerüchte bald wieder verstummten, ging für Marie Louise die Leidenszeit weiter, bis ein früher Tod das traurige Leben der spanischen Königin am 12. Februar 1689 beendete. Vermutlich starb Marie Louise, die nur knapp 27 Jahre alt wurde, an den Folgen einer Salmonellenvergiftung, allem Anschein nach, weil sie zuvor verdorbene Austern gegessen hatte. Dass es in Frankreich hieß, Monsieurs Tochter sei vergiftet worden, muss nicht eigens betont werden.

Der Beginn des Pfälzischen Erbfolgekriegs

Die Spannungen mit dem König waren noch nicht beigelegt, da erhielt Liselotte die traurige Nachricht, dass ihr Bruder Karl II. von der Pfalz am 26. Mai 1685 an einem „viertägigen Fieber“ gestorben war. Diesmal konnte sie Ludwig XIV. keine Mitschuld geben, denn die pfälzisch-französischen Beziehungen gestalteten sich seit Jahren ausgesprochen entspannt. Doch ebenso wie nach dem Tod ihres Vaters trauerte Liselotte auch diesmal über alle Maßen, verkroch sich in ihren Gemächern und weigerte sich, an den höfischen Veranstaltungen teilzunehmen. Dabei hatte sie den Bruder seit ihrer Hochzeit nicht mehr gesehen, und das Verhältnis der beiden hatte sich ohnehin stark abgekühlt, seitdem sie zum Katholizismus konvertiert war. Man hat bisweilen den Eindruck, dass die melodramatischen Züge ihrer Trauer vor allem ein Zeichen dafür waren, wie sehr sie sich noch mit ihrer deutschen Heimat verbunden fühlte. Oder machte sich Madame vielleicht Sorgen um das Schicksal der Pfalz? Immerhin war Karl II. kinderlos gestorben.

Eigentlich schien alles bestens geregelt. Der Pfälzer hatte für den Fall, dass die Linie Pfalz-Simmern aussterben sollte, rechtzeitig Vorsorge getroffen und Philipp Wilhelm von Pfalz-Neuburg (1615–1690) zu seinem designierten Nachfolger ernannt. Dem waren Verhandlungen über den künftigen konfessionellen Status der Pfalz vorausgegangen – schließlich war der nächste Kurfürst katholisch. Erst am 22. Mai 1685 kam man zu einer Einigung, die der kranke Karl II. jedoch nicht mehr unterschreiben konnte. Nichtsdestotrotz setzte Kaiser Leopold I. Philipp Wilhelm als neuen Kurfürsten ein.

Doch kaum war Karl II. beigesetzt, da wurde in Versailles schon laut darüber nachgedacht, ob die Rechte an der Pfalz – oder zumindest an Teilen davon – in Wahrheit nicht Liselotte zustünden. Für Ludwig XIV. erfüllte sich jedenfalls die Hoffnung, die er seinerzeit in die Ehe seines Bruders mit der Heidelberger Prinzessin gesetzt hatte. Er erhob in ihrem Namen rechtlich völlig unbegründete Erbansprüche für Philipp von Orléans und schickte drei Jahre später französische Truppen, um die gesamte Kurpfalz zu besetzen. Liselotte waren die Hände gebunden. In einem Brief an Sophie vom 26. September 1688 schüttete sie diesbezüglich ihr Herz aus: „Unterdessen ist unser Dauphin ein Kriegsmann geworden und gestern nach der Armee verreist, Philippsburg zu belagern. Er sagte mir, nach Philippsburg wollte er Frankenthal und Mannheim einnehmen, um für mein Interesse Krieg zu führen. Ich antwortete aber: Wenn Sie meinen Rat hören wollen, so gehen Sie nicht hin, denn ich gestehe Ihnen, dass es mich schmerzt und dass ich keine Freude empfinden kann, mit ansehen zu müssen, wie man sich meines Namens bedient, um mein armes Heimatland zugrunde zu richten." Doch genau das geschah in den nächsten Jahren, die vom Pfälzischen Erbfolgekrieg (1688–1697) überschattet waren. Die französischen Truppen hatten leichtes Spiel. Der inzwischen 73-jährige Kurfürst Philipp Wilhelm zeigte sich als den Herausforderungen in keiner Weise gewachsen. Er hatte Heidelberg längst verlassen, um bis zu seinem Tod in Neuburg oder Jülich zu leben. Die Pfalz war nahezu völlig entmilitarisiert und hatte dem feindlichen Angriff nichts entgegenzusetzen. Am 24. September 1688 wurde Heidelberg kampflos den Franzosen übergeben.

Liselotte war also ohnehin schon den Tränen nahe, als sie wenig später erfuhr, dass ihr geliebter Halbbruder Karllutz, ihr „Schwarzköpfle", im Alter von nur 29 Jahren einer fiebrigen Krankheit erlegen war. Nach dem Tod Karls II. standen die Kinder der Raugräfin alle unversorgt da. Karllutz war daher in venezianische Dienste eingetreten und auf der griechischen Halbinsel Euböa im Kampf gegen die Türken eingesetzt worden, wo sein kurzes Leben endete. In melancholischer Stimmung wandte sich Liselotte am 10. November 1688 wie gewohnt an ihre Tante Sophie: „Freitag ist mir die betrübte Zeitung von meines lieben Karllutz Tod kommen … Und was meine Unlust vermehrt, wie man sich prepariert, das gute Mannheim zu brennen und bombardieren, welches der Kurfürst, mein Vater selig, mit solchem Fleiß hat bauen lassen. Das macht mir das Herz bluten und man nimmt es mir noch hoch von übel, dass ich traurig darüber bin …"

„Meines Vaterlandes Untergang"

Liselottes schlimmste Befürchtungen bewahrheiteten sich. Die Franzosen machten nicht nur Mannheim dem Erdboden gleich. Nach dem Prinzip der „verbrannten Erde", der völligen Vernichtung sämtlicher Lebensgrundlagen, wurden auch Speyer und Worms restlos zerstört. Verzweifelt schrieb sie am 20. März 1689 nach Hannover: „… wes des Herz voll ist, geht der Mund leicht über. Mir kommt die Traurigkeit noch schwerer an als ein anderes … Kaum hatte ich mich über des armen Karllutz Tod ein wenig erholt, so ist das schreckliche und erbärmliche Elend in der Pfalz angegangen, und was mich am meisten schmerzt, ist, dass man sich meines Namens gebraucht, um die armen Leute ins äußerste Unglück zu stürzen. Und wenn ich darüber schreie, weiß man mirs sogar großen Undank und protzt mit mir darüber. Sollte man mir aber das Leben darüber nehmen wollen, so kann ich doch nicht lassen zu bedauern und zu beweinen, dass ich sozusagen meines Vaterlandes Untergang bin. Ich habe einen solchen Abscheu vor alles, so man abgesprengt hat, dass ich alle Nacht, sobald ich einschlafe, deucht mir, ich sei zu Heidelberg oder zu Mannheim und sehe all die Verwüstungen und fahr ich im Schlaf auf und kann in zwei ganzer Stunden nicht wieder einschlafen. Dann kommt mir in den Sinn, wie alles zu meiner Zeit war, in welchem Stand ich selber bin, und dann kann ich mich des Flennens nicht enthalten …"

Es war nicht allein das traurige Schicksal ihrer Landsleute, das Liselotte schlaflose Nächte bereitete. Nicht minder bedrückte sie die Tatsache, dass in ihrem Namen Kontributionen (Zwangserhebungen) gezahlt werden mussten; erhebliche Summen, von denen sie selbst keine einzige Münze zu Gesicht bekam. Stattdessen floss dieses sogenannte Orléansgeld direkt in die Kasse von Monsieur, der damit seinen verschwenderischen Lebensstil und nicht zuletzt seine Günstlinge finanzierte. Das brach Liselotte fast das Herz: „Also werden die armen Leut meinen, ich hätte von ihrem Unglück profitiert und wäre an alles Ursach, und das betrübt mich recht von Herzen. Wollte Gott, dass es wahr wäre, dass man mir all das Geld gegeben hätte, so man der armen Pfalz gezogen, und dass man mich damit gewähren ließe: Die armen raugräflichen Kinder und die armen Pfälzer würden sich gewiss besser dabei befinden. Aber die Wahrheit ist, dass ich weder Heller noch Pfennig davon zu sehen bekomme."

Das Schicksal der „armen raugräflichen Kinder" ließ Liselotte nicht los. Die Halbbrüder mussten wohl oder übel in ausländische Dienste treten und verloren fast alle ihr Leben auf dem Schlachtfeld. Keine zwei Jahre nach dem Tod von Karllutz fiel der 22-jährige Karl Eduard im Januar 1690 im Kampf gegen die Türken, und wenig später starb auch der blutjunge Karl August (1672–1691), der sich Friedrich III., dem Kurfürsten von Brandenburg, angeschlossen hatte. Im gleichen Jahr erlitt Karl Kasimir (1675–1691) bei einem Duell tödliche Verletzungen. Nur der 1671 geborene Karl Moritz starb 1702 eines „natürlichen" Todes, nachdem er seine Gesundheit durch übermäßigen Alkoholkonsum völlig ruiniert hatte. Liselottes Trauer hielt sich in diesem Fall allerdings in Grenzen, denn sie schrieb wenig später an Raugräfin Louise: „Wenn Karl Moritz selig den Wein nicht so geliebt hätte, wäre er ein wahrer Philosoph gewesen. Er hats aber teuer genug bezahlt, denn ich bin sicher, dass das Saufen sein Leben verkürzt hat. Dass er nicht ohne Trinken sein konnte, bewies, wie sehr seine Leber erhitzt und verbrennt war."

Von den Schwestern war nur die älteste, Karoline Elisabeth (1659–1696) finanziell abgesichert. Sie hatte 1683 den in englischen Diensten stehenden Meinhard von Schomburg (1641–1719) geheiratet und mit ihm eine große Familie gegründet. Die jüngeren Schwestern Louise (1661–1733) und Amalie Elisabeth (1663–1709), genannt Amelise, fanden hingegen keinen Ehemann, vermutlich aufgrund der fehlenden Mitgift. Beide führte eine Art Wanderleben, das sie an verschiedene europäische Höfe führte, unter anderem nach Hannover, wo Louise vorübergehend die Stellung der Oberhofmeisterin von Herzogin Sophie bekleidete.

Die schlechten Nachrichten aus der Pfalz rissen nicht ab. 1693 verwüsteten die Franzosen Liselottes Geburtsort Heidelberg einschließlich des kurfürstlichen Schlosses, dessen eindrucksvolle Ruine heutzutage zahllose Touristen anlockt. Um es vorwegzunehmen: Letztlich konnte sich Madame mit der Gewissheit trösten, dass Ludwig XIV. sein Ziel trotz aller militärischen Anstrengungen doch nicht erreichte. Einer europäischen Allianz gelang es schließlich, die Annexion der Pfalz zu verhindern, sodass der Pfälzische Erbfolgekrieg 1697 ohne französischen Landgewinn zu Ende ging. Nach dem Tod des alten Kurfürsten 1690 hatte dessen engagierter Sohn Johann Wilhelm von Pfalz-Neuburg (1658–1716) die Regierungsgeschäfte übernommen. Der ordnete zwar umgehend den Wiederaufbau des zerstörten Landes an, doch Heidelberg büßte schon bald den Status als Residenzstadt ein. 1720 verlegte Johann Wilhelms Nachfolger Karl III. Philipp (1661–1742) die pfälzische Hauptstadt nach Mannheim, wo er – nach dem Vorbild von Versailles – eine großzügige Schlossanlage in zeitgenössischen Barockstil errichten ließ.

Neuer Kummer

Der Pfälzische Erbfolgekrieg belastete Liselottes ohnehin schon schlechtes Verhältnis zu Ludwig XIV. noch mehr, sodass ihre einst so herzliche Beziehung Ende der 1680er-Jahre an ihrem Tiefpunkt angelangt war. Madame machte keinen Hehl daraus, wie sehr sie ihren Schwager deswegen verfluchte, und auch ihre Abneigung gegen die Maintenon war um keinen Deut geringer geworden. In ihren Briefen nach Deutschland spricht sie nur von dem „alten Weib“, der „alten Zott“, der „alten Hexe“ oder der „Rompompel“. Am 14. April 1688 heißt es gar: „Sie ist ein böser Teufel.“

Doch weiterer Kummer stand ins Haus: Ludwig XIV. trug sich mit dem Gedanken, Liselottes 1674 geborenen Sohn in absehbarer Zeit mit Mademoiselle de Blois zu verheiraten, seiner jüngsten Tochter aus der Beziehung mit der Montespan. Liselotte war außer sich. Wie konnte es der König nur wagen, ihrem hochgeborenen Philipp eine solche Person zur Frau zu geben! Liselotte, die früher nie Berührungsängste mit dem „einfachen Volk“ gehabt hatte, konnte nicht nur stur, sondern auch mit einer gehörigen Portion Standesdünkel reagieren, wenn es um die Wahrung ihrer eigenen Interessen ging. Das betraf nicht zuletzt ihren Hass gegen die Maintenon: „Ich muss gestehen, dass ich wohl von Herzen bös über den König bin, mich wie eine Kammerfrau zu traktieren, welches seiner Maintenon besser zukomme als mir, denn sie ist dazu geboren, aber ich nicht“, hatte sie erst unlängst nach Hannover geschrieben. Und jetzt sollte ausgerechnet ihr geliebter Sohn den „Bastard“ Françoise Marie de Blois (1677–1749) heiraten? Das war doch sicher eine Idee der Maintenon gewesen, Erzieherin und Ersatzmutter der Montespan-Kinder. Liselotte war fest entschlossen, alles in ihrer Macht Stehende zu tun, um diese Ehe zu verhindern, was auch dem höfischen Beobachter Saint-Simon nicht verborgen blieb: „Madame, die aus einem Lande stammte, in dem man Bastarde und Mesalliancen verabscheute, war so geartet, dass man kaum annehmen konnte, sie würde eine solche Ehe ohne weiteres billigen.“

Doch Liselottes Chancen standen denkbar schlecht. Sie konnte noch nicht einmal mit dem eigenen Ehemann über den fatalen Plan ihres Schwagers sprechen. Ludwig XIV. hatte die Favoriten von Monsieur mit größeren Geldsummen dazu gebracht, seinen Bruder von den königlichen Heiratsplänen zu „überzeugen“. Ein Gespräch mit dem König selbst war schlechterdings völlig ausgeschlossen. Zum einen sah Liselotte ihn kaum noch, zum anderen wäre eine solche Unterredung ohnehin sinnlos gewesen. Trotzdem konnte und wollte sie nicht nachgeben: „Ich bin eine härtere Nuss als die Madame la Dauphine“, versicherte sie ihrer Tante Sophie, „und ehe mich die alten Weiber werden aufgefressen haben, mögen sie wohl etliche Zähne verlieren.“

Liselotte hatte großes Mitleid mit Maria Anna, der Gemahlin des Thronfolgers, die mit der Maintenon ebenfalls schwer zurechtkam. Schon am 11. August 1686 heißt es in ihrem Brief an Sophie: „Die Dauphine ist unglücklich, und ob sie ihr bestes tut, dem König zu gefallen, wird sie doch auf Anstiftung dieses Weibes sehr übel tractiert und muss ihr Leben mit Langeweil und Schwangersein zubringen.“ Inzwischen aber machte sie sich ernste Sorgen um die junge Frau, die seit ihrer Ankunft in Frankreich von labiler Gesundheit war: „Die arme Madame la Dauphine ist wieder ganz übel“, klagte sie am 8. Februar 1690, „ich fürchte sehr, dass wir sie nicht mehr sehr lange behalten werden, welches mir wohl in der Seele schmerzen sollte, denn ich habe sie von Herzen lieb. Man bringt sie aus Traurigkeit ums Leben.“ Nur wenige Wochen später bewahrheiteten sich Liselottes schlimmste Befürchtungen: Am 20. April 1690 starb die 29-jährige Maria Anna und hinterließ drei kleine Söhne im Alter von sieben, sechs und vier Jahren, Louis, Philipp und Charles.

Die Trauer um die Dauphine scheint sich am französischen Hof jedoch in Grenzen gehalten zu haben. Nach der Beisetzung nahm Liselotte wieder einmal am Schreibtisch Platz, um am 12. Juni 1690 ihrer Tante Sophie Bericht zu erstatten: „Mittwoch nach dieser abscheulichen Zeremonie sind wir nach Marly, allwo wir bis Samstag geblieben. Dort hätte mir zwar wohl die Betrübnis vergehen sollen, denn es gar ordinari Leben war: alle Kammern voller Spieler, nachmittags die Jagd, abends die Musik. Allein wenn ich die Wahrheit bekennen soll, so hat mich dieses viel trauriger gemacht, denn ich habe niemanden dort gefunden, so nach mir fragt, und ich gesehen, wie bald man hier die Toten vergisst, hat mich die arme Madame la Dauphine wieder aufs neue gejammert …“

Weder Kaffee noch Schnupftabak

Der Tod der Dauphine machte Liselotte zur ranghöchsten Dame am Königshof. Vielleicht war das ein Grund, warum Ludwig XIV. seiner Schwägerin wieder mehr Wohlwollen entgegenbrachte. Im Vorjahr hatte Madame noch den königlichen Zorn zu spüren bekommen, indem ihr die traditionelle Neujahrsgabe verweigert worden war. Doch Anfang 1691 konnte sie zufrieden nach Hannover schreiben: „So bin ich dies Jahr ein wenig besser in Gnaden als ich vergangenes Jahr war. Wo mir das Glück herkommt, weiß ich nicht, denn ich tue nichts mehr noch minder.“ Zum neuen Jahr schenkte ihr Ludwig nämlich 2000 Pistolen (Goldmünzen), und sie freute sich ehrlich, „dass ich nicht so in Ungnaden bin dies Jahr.“

Im Übrigen konnte sich Ludwig über Liselotte kaum beschweren. Sie war stets zur Stelle, wenn er sie herbeizitierte, erfüllte anstandslos ihre repräsentativen Pflichten und an ihre Abneigung gegen die Maintenon hatte man sich am Hof längst gewöhnt. Das einzige, was man ihr vorwerfen konnte, war die Tatsache, dass sie auch nach 20 Jahren in Frankreich so demonstrativ deutsch geblieben war. Selbst auf kulinarischem Gebiet blieb der Pfälzerin die französische Lebensart völlig fremd. Den raffiniert zubereiteten Speisen, edlen Ragouts und Trüffelfüllungen, vermochte sie einfach nichts abzugewinnen. Stattdessen träumte sie noch immer von den deftigen Gerichten ihrer Jugendzeit, einer ordentlichen Knackwurst oder dem „berühmten“ Specksalat. Vielleicht war es aber nicht so sehr das Essen an sich, das sie vermisste; vielmehr erinnerte es sie an die „goldenen Jahre“, die sie in Heidelberg verbracht hatte.

Für exotische Genussmittel wie Kaffee, Tee oder Schokolade, die damals gerade am Hof des Sonnenkönigs in Mode kamen, hatte Liselotte erst recht nichts übrig. Dabei gönnte sich selbst Tante Sophie jeden Morgen eine Tasse Schokolade, was nach ihren eigenen Angaben sehr zu ihrem Wohlbefinden beitrug. Seitdem Christoph Kolumbus die ersten Kakaobohnen nach Europa gebracht hatte, wurde heiße Schokolade zunächst am spanischen Hof eingeführt und verbreitete sich von dort aus über ganz Europa. Den Tee brachten die Engländer aus Indien, Kaffee fand über die Türken den Weg ins Abendland.

Vor allem aber lehnte Madame den Schnupftabak ab, der in den Adelskreisen damals ebenfalls en vogue war: „Nichts in der Welt ekelt mich mehr als Schnupftabak. Er macht hässliche Flecken und stinkt abscheulich“, schrieb sie einmal an ihre Halbschwester, Raugräfin Louise. Den Tabak hatten ebenfalls die spanischen Eroberer aus Amerika mitgebracht. Wenig später begann man auch in Europa mit dem Anbau von Tabakpflanzen, denen eine therapeutische Wirkung zugeschrieben wurde, vor allem gegen Kopf- und Zahnschmerzen, die damals in aristokratischen Kreisen nicht selten waren. Schnupftabak avancierte zum Statussymbol des Adels und

Tabakdosen, die Tabatieren, wurden zum unverzichtbaren Modeaccessoire, das jeweils zu Kleidung, Jahreszeit und Anlass passen musste. Nicht so für Liselotte.

Doch von solchen „Marotten“ abgesehen, war Ludwig XIV. mit seiner Schwägerin wieder recht zufrieden. Es dauerte allerdings nicht lange, bis die harmonische Stimmung erneut massiv gestört wurde.

Eine schallende Ohrfeige

Schon zu Beginn des nächsten Jahres flossen wieder Tränen, denn am 10. Januar 1692 heißt es in Liselottes Brief an Sophie: „Ob ich zwar die Augen so dick verschwollen habe, dass ich kaum daraus sehen kann, indem ich, um die Wahrheit zu sagen, die Torheit getan, die ganze Nacht zu flennen, so will ich doch diese Freitagspost nicht vorbeigehen lassen, ohne E. L. zu berichten, was mir gestern Unangenehmes begegnet ist … Monsieur kam um halb vier zu mir: Madame, ich habe einen Auftrag vom König für Sie, der Ihnen nicht sehr angenehm sein wird, und Sie selbst sollen ihm heute Abend darauf antworten. Was der König Sie wissen lassen möchte, ist, (dass) er und ich und mein Sohn übereingekommen sind, dass Mademoiselle de Blois meinen Sohn heiratet, und dass Sie nicht so töricht sein werden, sich dem zu widersetzen …“ Jetzt also sollten Liselottes lange gehegte Befürchtungen Wirklichkeit werden – es sei denn, ihr Sohn selbst würde sich weigern, den „Bastard“ Françoise Marie zur Frau zu nehmen. Doch das wagte der 17-jährige Philipp nicht. Sein königlicher Onkel hatte ihn eigens in sein Kabinett zitiert, um ihm unmissverständlich klarzumachen, was er von ihm erwartete. Angeblich ließ er ihm zwar die Möglichkeit, sich frei zu entscheiden, doch der kluge junge Mann wusste ganz genau, dass man sich den Wünschen des „Sonnenkönigs“ unbedingt zu beugen hatte.

Aber auch Liselotte, wenngleich sprachlos vor Entsetzen, wagte keinen Widerspruch. Beim abendlichen Diner sagte sie kein Wort, doch innerlich muss es in ihr gebrodelt haben. Nach einer durchweinten Nacht musste sie am nächsten Tag gleichwohl an der Verlobungsfeier teilnehmen, auf der die Höflinge dem jungen Brautpaar ihre Glück- und Segenswünsche aussprachen. Unter den Gratulanten war auch Saint-Simon, der die trübe Stimmung des festlichen Tages in seinen Erinnerungen festgehalten hat: „Madame ging auf der Galerie auf und ab, hemmungslos weinend, laut vor sich hinredend, gestikulierend … Aus Achtung vermied man es, ihren Weg zu kreuzen und schlängelte sich unauffällig vorbei, um in die Gesellschaftsräume zu gelangen. Monsieurs Gesicht spiegelte tiefste Beschämung … Sein Sohn machte den Eindruck trostloser Verzweiflung und seine Künftige sah ebenfalls recht verlegen und niedergeschlagen aus." Doch dann geschah das Unfassbare: In dem Augenblick, da sich der junge Philipp seiner Mutter näherte, um ihr der höfischen Etikette gemäß respektvoll die Hand zu küssen, verpasste ihm Liselotte eine schallende Ohrfeige. Die Hofgesellschaft hielt den Atem an, auch Saint-Simon: „Die zahllosen Zuschauer, zu denen auch ich gehörte, waren sprachlos vor Staunen."

Die Backpfeife blieb jedoch ohne Konsequenzen, sowohl für Liselotte selbst als auch für die geplante Hochzeit. Schon am 18. Februar 1692 traten Philipp und die erst knapp 15-jährige Françoise Marie in Versailles vor den Traualtar. Es war ein prächtiges Fest. Der Bräutigam trug einen goldbestickten Anzug aus schwarzem Samt, die Braut präsentierte sich in einer aus Silberfäden gewebten Robe. „Der ganze Hof ist voller Freude und Vergnügen", notierte die höfische Klatschbase Madame de Sévigné (1626–1696). Nur Liselotte trug an diesem Tag eine demonstrativ finstere Miene zur Schau.

Auch nach der Trauung ließ Madame an der bedauernswerten Françoise Marie kein gutes Haar, und sie war nicht gewillt, ihre Meinung zu revidieren: „Was meine Schwiegertochter anbelangt", schrieb sie am 21. Februar 1692 nach Hannover, „so werde ich keine Mühe haben, mich an sie zu gewöhnen, denn wir werden nicht oft beieinander sein, dass wir einander verdrießlich fallen möchten." Dabei hätte das hübsche junge Mädchen nichts so nötig gebraucht, wie eine verständnisvolle Schwiegermutter an ihrer Seite. Doch Liselotte konnte offenbar nicht über ihren Schatten springen und den Standesunterschied zwischen Philipp und Françoise Marie akzeptieren. Vor einigen Jahren hatte es in Hannover einen ähnlichen Fall gegeben, wie sie von Tante Sophie erfahren hatte: Aus politischem Kalkül musste Liselottes Cousin Georg Ludwig 1682 seine Cousine Sophie Dorothea (1666–1726) heiraten, die Tochter des Herzogs Georg Wilhelm von Celle und der ehemaligen Hofdame Eleonore d'Olbreuse. Schon damals fand Liselotte diese Liaison völlig unmöglich und bezeichnete die Braut unumwunden als „Mausdreck im Pfeffer". Ähnliche Vergleiche stellte sie nun auch bei ihrer Schwiegertochter an, wenn sie am 27. August 1692 an Sophie schrieb: „Was meines Sohnes Gemahlin anbelangt, so kann sie sich nicht über mich beklagen, denn ich leb wohl und höflich mit ihr, lieb aber kann ich sie mein Leben nicht haben … Sie bildt sich ein, sie sei schön, putzt sich allezeit und ist voller mouches (Schönheitspflästerchen). Und wenn man das alles sieht und denkt, dass es nur ein Mausdreck ist, muss ich gestehen, dass es ein wenig zu Herzen geht … E. L. Ihre (Sophie Dorothea) ist nur halb so schlimm wie unsere …"

Glaubt man Liselottes schriftlichen Mitteilungen, dann verbrachte Françoise Marie den ganzen Tag auf dem Sofa, naschte ständig Süßigkeiten und soll sich mehrmals in der Woche betrunken haben. Sollte das tatsächlich der Wahrheit entsprechen, so wäre dies wohl ein Hinweis darauf, wie unglücklich die junge Frau tatsächlich gewesen sein muss. Aus der nicht minder unglücklichen Ehe gingen acht Kinder hervor, von denen sieben das Erwachsenenalter erreichten. Die erste Tochter, die im Dezember 1693 zur Welt kam, starb bereits mit acht Jahren.

„Die Blattern haben mich sehr marquiert"

Inzwischen hatte Liselotte die Vierzig überschritten. Größere gesundheitliche Probleme waren ihr bislang erspart geblieben, was sie selbst auf ihren vergleichsweise vernünftigen Lebenswandel zurückführte – kein allzu üppiges Essen und regelmäßige Bewegung an der frischen Luft. Dass sie mit den Jahren dennoch immer korpulenter wurde, wie sich unschwer an ihren Porträts verfolgen lässt, hat sie wohl mit Humor hingenommen, wie auch ihr Brief an Tante Sophie vom 27. Mai 1704 beweist: „Alles wird falsch gemacht, allein E. L. haben Recht: Einen falschen Hintern habe ich gar nicht vonnöten. Ich wollte, dass ich denen, die so gerne einen *cul de Paris* (Mode um 1700, die das Hinterteil stark betonte) haben wollen, von dem meinen mitteilen könnte; ich bliebe mir noch genug, wenn ich gleich die Hälfte weggegeben hätte; Bauch und Hintern habe ich gar zu groß."

Trotz allem blieb Madame auf Dauer von schweren Krankheiten nicht verschont. Ein erster Hinweis findet sich möglicherweise bereits in ihrem Brief an Sophie vom 19. März 1693: „Ich fange an, wieder mager zu werden, die Ursach ist, dass ich mich nicht recht wohl fühle, und Jungfer Kathrine ist ein wenig deregliert, und weilen ich unmöglich schwanger sein kann, indem ich ganz allein schlafe, so glaube ich, dass ich entweder krank werde oder das Jungfer Katherine vielleicht ganz ausbleiben will." Tatsächlich spürte Liselotte damals die ersten Anzeichen des Klimakteriums, doch möglicherweise deutete sich gleichzeitig eine ernsthafte Erkrankung an: Im Frühjahr 1693 bekam sie die Blattern, wie die Pockeninfektion auch genannt wurde. Weil man am Hof aus gutem Grund eine Epidemie befürchtete, wurde sie umgehend von ihrer Umgebung isoliert, hatte allerdings einige getreue Hofdamen an ihrer Seite. Eine von ihnen war die alte Marschallin von Clérembault, die schon seit Längerem Madames engste Vertraute war. Leider weiß man kaum etwas Näheres über diese Freundin. Doch sie scheint Liselotte nicht zuletzt dadurch beeindruckt zu haben, dass sie die Fähigkeit besessen haben soll, aus einem geheimnisvollen System von Zahlen und „Pünktchen" die Zukunft vorauszusagen. Aber auch davon abgesehen muss die Marschallin von Clérembault eine gute und zuverlässige Freundin gewesen sein.

Ludwig XIV. schickte natürlich seine besten Ärzte zu Madame, doch weil sie nach wie vor größtes Misstrauen gegen die „Kurpfuscher" hegte, weigerte sie sich strikt, sich von ihnen behandeln zu lassen. Noch immer war sie der Überzeugung, dass sie wegen der „Kunst" der französischen Ärzte ihren ältesten Sohn verloren hatte. Auch dass die Scharlatane das Leben der Königin und der Dauphine auf dem Gewissen hatten, stand für Liselotte ganz ohne Zweifel. Eine „Therapie" mit Klistieren und Aderlass kam daher überhaupt nicht in Frage. Obwohl man sie vor schädlichen „Miasmen" gewarnt hatte, ordnete Madame an, die Fenster zu öffnen und so das Krankenzimmer gut zu lüften. Gleichzeitig nahm sie ein schweißtreibendes Mittel und wechselte viermal am Tag die Wäsche.

Das alles erweckt den Eindruck, Liselotte habe allein ihrem gesunden Menschenverstand vertraut. Doch wenn man einen genaueren Blick auf das schweißtreibende „Kenter Pulver" wirft, das ihr vermutlich von Tante Sophie empfohlen worden war, regen sich doch einige Zweifel. Es handelt sich nämlich um eine obskure Mischung auf der Basis von „Fängen der Meerestiere", also Krabbenscheren. Dazu kommen die zerstampften Augen dieser Tiere, ein wenig pulverisierte rote Koralle sowie Hirschhorn und andere Ingredienzien, Bernstein, Vipernsaft und aufgelöste Perlen. Nicht fehlen durften auch ein paar Kügelchen des orientalischen Bezoars. Dabei handelt es sich um die Verklumpung unverdaulicher Materialien im Tiermagen (z. B. von Rindern, Ziegen, Antilopen), also etwa das, was man bei Greifvögeln als Gewölle bezeichnet. Schon im Altertum wurden dem Bezoar magische Kräfte zugeschrieben und noch heute ist er Bestandteil der indischen Heilkunst Ayurweda. Auch „Harry Potter"-Leser kennen ihn: „Ein Bezoar ist ein Stein aus dem Magen von Ziegen, der einen vor den meisten Giften rettet." (Band 1, S. 152)

Allem Anschein nach hat der Placebo-Effekt seine Wirkung nicht verfehlt, aber auch Liselottes robuste Konstitution wird dazu beigetragen haben, dass Madame zum Erstaunen der Ärzteschaft wieder gesund wurde. Allerdings hinterließ die Krankheit in ihrem Gesicht hässliche Pockennarben, die ihre ohnehin schon geringe Attraktivität weiter verminderten, wie sie auch am 12. Dezember 1693 an Sophie schrieb: „Die Blattern haben mich sehr marquiert, aber doch im geringsten nicht geändert, welches jedermann Wunder nimmt. Je älter ich werde, je hässlicher muss ich wohl werden aber mein Humor und Gemüt können nicht mehr ändern."

„Die unglücklichste von allen Kreaturen" –

Monsieurs Tod

Neuzugang am Königshof

Im Sommer 1696 begann sich ein Ende des Pfälzischen Erbfolgekriegs abzuzeichnen. Die Diplomaten der kriegsführenden Nationen bemühten sich, einen ehrenhaften Frieden auszuhandeln, der schließlich am 30. Oktober 1697 im niederländischen Rijswijk unterzeichnet werden konnte.

Ludwig XIV. musste sich eingestehen, dass er sein Kriegsziel, die Pfalz in Liselottes Namen zu annektieren, nicht erreicht hatte, im Gegenteil. Frankreich war nahezu bankrott. Der langjährige militärische Konflikt hatte die Staatskasse geleert und zu erheblichen Steuererhöhungen geführt. 1692 war es deshalb in Paris sogar zu wütenden Aufständen gekommen, weil das Brot zum wiederholten Mal teurer geworden war. Nun aber sollte endlich wieder Ruhe einkehren, und dazu gehörte auch die Versöhnung mit den ehemaligen Gegnern.

In diesem Zusammenhang plante Ludwig XIV. zwei hochkarätige Hochzeiten, die 1697 bzw. 1698 gefeiert werden sollten. Liselottes Stieftochter Anne Marie war erst 14 Jahre alt gewesen, als sie 1684 mit dem jungen Viktor Amadeus II. von Savoyen (1666–1732) vermählt worden war, um das südfranzösische Herzogtum enger an die Krone zu binden. Das erste der sechs Kinder, die dem Herzogspaar geboren wurden, war Marie Adelaide (1685–1712), die nun in den Fokus der königlichen Aufmerksamkeit geriet.

Trotz seiner verwandtschaftlichen Beziehungen zum französischen Königshaus hatte sich der Herzog von Savoyen im Pfälzischen Erbfolgekrieg gegen Frankreich positioniert. Jetzt aber reichte er Ludwig XIV. die Hand zur Versöhnung. Der mit dem König geschlossene Vertrag sicherte ihm nicht nur erhebliche

Landgewinne zu, er sah auch vor, dass seine älteste Tochter Marie Adelaide mit Louis, dem ältesten Sohn des Dauphin, verheiratet werden sollte. Noch musste die Hochzeit freilich warten, denn das kleine Mädchen war 1696 noch keine elf Jahre alt, der Prinz nur drei Jahre älter. Aber es war beschlossene Sache, dass Marie Adelaide bis zur Vermählung am französischen Hof erzogen werden sollte. (Die Hochzeit wurde im Dezember 1697 gefeiert.)

Und so geschah es auch. Am 5. November 1696 traf die Prinzessin, allem Anschein nach ein rechter Wirbelwind, in Fontainebleau ein. Nicht nur Monsieur war ganz bezaubert von seiner Enkeltochter, die er bis dahin noch nie gesehen hatte. Auch Ludwig XIV. fand großen Gefallen an der munteren Marie Adelaide, ebenso die strenge Madame de Maintenon, an deren Mädchenschule Saint-Cyr bei Versailles die Prinzessin ihre Ausbildung fortsetzen sollte. Marie Adelaide scheint instinktiv gespürt zu haben, wie wichtig es war, sich mit der königlichen Mätresse gutzustellen. Das erkannte auch Saint-Simon: „Nichts gleicht den Schmeicheleien, mit denen sie Madame de Maintenon alsbald zu betören verstand.“ Die Prinzessin nannte sie „liebe Tante“, eine klug gewählte Anrede, die Zuneigung und förmliche Ehrerbietung miteinander vereinte. Überhaupt besaß sie offenbar das Talent, ihre gesamte Umgebung mit Witz, Charme und Lebensfreude um den Finger zu wickeln – mit einer Ausnahme: Liselotte. Woran lag das? Vielleicht verärgerte es Madame, dass Ludwig der kleinen Prinzessin gleich nach ihrer Ankunft den hohen Rang als Tochter des Dauphin verliehen und sie damit zur ranghöchsten Dame am Hof gemacht hatte. Liselotte musste somit ins zweite Glied zurücktreten. Zwar hat es nicht den Anschein, als habe ihr das allzu viel ausgemacht, aber trotzdem blieb sie Marie Adelaide gegenüber eher skeptisch, auch in ihrem Schreiben an Sophie vom 8. November 1696: „Was die Prinzessin anbelangt, so sein I. L. eben nicht gar groß vor ihr Alter, hat aber eine artige und schmale Taille wie ein rechtes Püppchen. Sie hat schöne blonde Haar und in großer Menge, schwarze Augen und Augenbrauen und Lider gar lang und schön; die Haut ist gar glatt aber nicht gar weiß, das Näschen weder hübsch noch hässlich, einen großen Mund und dicke Lefzen. Mit einem Wort: ein recht österreichisches Maul und Kinn. Sie geht wohl, hat gute Manieren und grace, in was sie tut, sehr serieux für ein Kind in ihrem Alter ... macht wenig Werks aus ihrem Großvater, sieht kaum meinen Sohn noch mich an, aber sobald sie Madame de Maintenon sieht, lacht sie sie an und geht mit offenen Armen zu ihr ..." Letzteres war wohl auch der eigentliche Grund für Liselottes kritische Haltung gegenüber der munteren kleinen Prinzessin, die endlich frischen Wind an den französischen Hof brachte, ganz ähnlich wie Liselotte selbst – vor einem Vierteljahrhundert.

„Das macht das Leben hier sehr unangenehm"

Während sich die Hofgesellschaft um die quirlige Marie Adelaide scharte, fühlte sich Liselotte zunehmend isoliert. Das wäre vielleicht nicht so schlimm gewesen, hätte sich nicht auch ihre eigene Familie von ihr distanziert. Monsieur kümmerte sich nur noch um seine Favoriten, die er mit großzügigen Geldgeschenken überschüttete, während Madame um jeden Sou betteln musste: „Ich werde mein herzlieb ma tante alles sagen, wie es hier ist", schrieb Liselotte am 7. März 1696 nach Hannover. „Will bei Monsieur anfangen: Der hat nichts im Kopf als seine jungen Kerls, um da ganze Nächte mit zu fressen, zu saufen und gibt ihnen unerhörte Summen Gelds; nichts kost ihm noch ist zu teuer vor die Bursch. Unterdessen haben seine Kinder und ich kaum, was uns nötig ist. Wenn ich Hemden und Leintücher vonnöten habe, muss Jahr und Tag darum gebettelt werden." Dass er dabei auf ihr eigenes Erbe zurückgriff, musste Liselotte besonders schmerzen: „Alles Silberzeug, so aus der Pfalz kommen, hat Monsieur verschmelzt und verkauft und alles den Buben gegeben. Täglich kommen neue angestochen, alle seine Juwelen hat er verkauft und versetzt." Kein Wunder also, dass Liselotte sorgenvoll in die Zukunft blickte: „Also, dass, da sei Gott vor, wenn Monsieur heute zu sterben kommen sollte, muss ich morgen bloß von des Königs Gnaden leben und werde das Brot nicht finden."

Nicht ohne Grund fürchtete Liselotte, als Witwe unversorgt dazustehen. Ganz offensichtlich war es Monsieur nämlich gelungen, erneut einen Keil zwischen Liselotte und Ludwig zu treiben. Dass sich die beiden wieder einander angenähert hatten, passte ihm überhaupt nicht, denn er wollte unbedingt verhindern, dass Madame möglicherweise Einfluss auf seinen königlichen Bruder ausüben oder sich bei ihm beschweren könnte. Deshalb ergriff er die Flucht nach vorn, indem er sie selbst anschwärzte: „Was ich auch tun oder sagen mag, so traut er mir noch nicht und macht mir alle Tage neue Händel bei dem König und sagt, ich hasse den König. Wird übel geredt, so sagt Monsieur zum König, ich hätte es getan und lügt noch brav dazu, und oft gesteht er mir selber alles Übel, so er von mir geredt hat. Dadurch entfernt er mir den König dermaßen, dass ich wohl nie bei dem König stehen kann …“ Auch ihrer Wut über die Maintenon ließ Liselotte wieder freien Lauf. Sie sei „derart auf ihren Einfluss bedacht, dass Monsieur ihr einen rechten Gefallen tut, mich übel bei dem König anzutragen. Ich hätte mich wohl auch gern etliche Male gegen Monsieur aufgerupft, denn sie hat mir oft sagen lassen, dass Monsieur mich gar übel bei dem König anträgt … E. L. können nicht glauben, wie dies alte Weib ein böser Teufel ist und wie sie sucht, die Leute gegeneinander zu hetzen. Ob sie zwar jetzt höflicher mit mir lebt, ist doch nicht zu glauben, dass sie mir jemalen einigen Dienst tun wird, denn in der Tat hasst sie mich erschrecklich und der König tut blindlinks alles, was sie will …“ Voller Resignation endete Madame: „Alles hier ist pures Interesse und Falschheit, das macht das Leben hier sehr unangenehm. Um mir die traurigen Gedanken aus dem Kopf zu bringen, jage ich, soviel ich kann.“

Auch ihr geliebter Sohn Philipp bereitete Liselotte erheblichen Kummer. Der intelligente und gut aussehende junge Mann hatte zwar nicht die gleichen sexuellen Neigungen wie sein Vater, er war aber mindestens genauso vergnügungssüchtig. Das brachte ihm nicht nur den Missmut seiner Mutter ein, auch der inzwischen sittenstrenge König war mit seinem Neffen unzufrieden und ließ es ihn spüren, indem er ihn von militärischen Aufgaben fernhielt. Philipp aber versuchte erst gar nicht, seinen Lebensstil zu ändern. Offen stand er dazu, dass er andere Frauen – „Opernmädchen“, wie Liselotte sie nannte – seiner Gemahlin vorzog, was Madame wiederum verstehen konnte: „Meines Sohnes Gemahlin ist ein widerliches Mensch, säuft sich drei- oder viermal die Woch sternenvoll, hat gar keine inclination (Zuneigung) zu mir, wenn ich an einem Ort bin, kann man kein Wort aus ihr bekommen. Diesen Argwohn hat ihr die Maintenon eingepflanzt …“ Ganz offensichtlich gehörte nicht zu Liselottes Stärken, Selbstkritik zu üben und den Fehler auch einmal bei sich selbst zu suchen.

Hochzeit der jungen Elisabeth Charlotte

Auch das Verhältnis zu Elisabeth Charlotte, Madames inzwischen 19-jähriger Tochter, gestaltete sich keineswegs harmonisch, wie sie am 7. März 1696 ihrer Tante Sophie klagte: „Meine Tochter steckt zwar zum Glück in keinen Ausschweifungen, und ich muss die Wahrheit sagen, das Mädchen hat nicht die geringste Neigung zur Galanterie, allein Monsieur lässt mich nicht Meister über sie sein … Zudem so predigt er ihr einen solchen Hass gegen die Deutschen, dass ich schier selber bei mir nicht dauern kann, weil ich Deutsche bin …“ Dabei ist es kaum verwunderlich, dass Liselottes ständige Lobeshymnen auf alles Deutsche, das deutsche Essen, die deutschen Sitten und Gebräuche, ihrer Familie gehörig auf die Nerven gingen. Als Angehörige des französischen Königshauses hatten sie eine fest definierte nationale Identität, selbst wenn Madame deutsche Wurzeln hatte. Dass sie nicht ständig hören wollten, jenseits des Rheins sei alles besser, ist nur allzu verständlich. Doch vermutlich war es gar nicht Monsieur, der die junge Elisabeth Charlotte gegen ihre Mutter aufgebracht hatte. Der höfische Beobachter Saint-Simon glaubte vielmehr, dass es an Liselottes strenger Erziehung und Überwachung lag, die die Tochter als erdrückend empfand. Seines Erachtens sehnte sich Mademoiselle danach, endlich aus der „strengen Zucht“ befreit zu werden. Es gab nur einen Weg: Elisabeth Charlotte musste heiraten.

Die Suche nach einem passenden Gemahl gestaltete sich allerdings schwierig, was jedoch, anders als es Liselotte ihrer Tochter glauben machen wollte, keineswegs an deren Äußerem lag. Aus dem dicklichen kleinen Mädchen war eine recht hübsche junge Frau geworden, mit ausdrucksvollen Augen, zarter Haut und einer schlanken Figur. Obendrein tanzte Elisabeth Charlotte hervorragend, war munter und charmant und verstand es, Gespräche durch Witz und Esprit zu beleben. Trotzdem war weit und breit kein Ehemann in Sicht: „Wenn das so weiter geht, wird meine Tochter eine alte Jungfer", klagte Liselotte gegenüber ihrer Tante Luise Hollandine, der Äbtissin von Maubuisson. Der ehrgeizige Plan, Elisabeth Charlotte mit dem Sohn Kaiser Leopolds I. zu verheiraten, konnte nicht realisiert werden.

Doch nur kurze Zeit später gab es einen Hoffnungsschimmer, denn in ihrem Brief an Raugräfin Louise vom 10. November 1697 konnte Liselotte vermelden: „Nun es überall Frieden ist, könnte es sich gar wohl zutragen, dass wir einander wieder zu sehen bekommen könnten. Wenn in der Tat sollte wahr werden, was vor ein paar Monat in Geschrei gegangen, nämlich dass meine Tochter Herzogin von Lothringen werden sollte, so könnte es sich ja leicht zutragen, dass wir einander Rendezvous zu Nancy geben können."

Letzteres erfüllte sich zwar nicht, doch zwei Monate später war Elisabeth Charlottes Hochzeit mit Herzog Leopold von Lothringen (1679–1729) tatsächlich ausgemachte Sache – die zweite große Versöhnung nach Beendigung des Pfälzischen Erbfolgekriegs.

Lothringen war lange Zeit von Frankreich besetzt gewesen, zumal auch Leopolds Vater Karl V. auf Seiten des Kaisers gekämpft hatte. Erst nach den Bestimmungen des Friedens von Rijswijk hatte Lothringen seine Selbstständigkeit zurückerhalten und Leopold konnte sich in der Residenzstadt Nancy niederlassen. Liselotte hätte sich für ihre Tochter zwar eine „bessere Partie" gewünscht, glaubte aber dennoch, dass sie mit Leopold ihr Glück finden würde: „Was mich hoffen macht, dass meine Tochter in ihrer Heirat glücklich sein wird, ist, dass sie nichts abschreckt, was sie auch von ihres zukünftigen Herrn Armut hören mag." Es hat den Anschein, als sei Elisabeth Charlotte einfach nur froh gewesen, endlich der mütterlichen Umklammerung entkommen zu können, selbst wenn sie ihren zukünftigen Ehemann noch gar nicht kennengelernt hatte. Dass es auf Schloss Nancy, das zunächst noch aufwendig renoviert werden musste, nicht direkt ärmlich zuging, dafür sorgte der „Brautonkel“ Ludwig XIV. Schließlich sollte die aus Frankreich kommende frischgebackene Herzogin ihre neuen Untertanen gebührend beeindrucken.

Drei Tage, nachdem Elisabeth Charlotte im Anschluss an ihre prokuratorische Trauung am 12. Oktober 1698 in ihre neue Heimat aufgebrochen war, schrieb Liselotte an Sophie: „Wir haben gestern meiner Tochter Toilette gesehen und Möbel von 40 000 Taler, so der König meiner Tochter gibt; man kann nichts Schöneres sehen … Sie hat vor 20 000 Taler Weißzeug und Spitzen und points gar schön und in großer Menge, vier große mächtige Kisten voll.“ Gleichwohl konnte Liselotte nicht verbergen, wie schwer es ihr fiel, die Tochter ziehen zu lassen, und sie bangte um das Gelingen der Hochzeitsnacht. Jedenfalls heißt es im Brief an Sophie vom 25. Oktober 1698: „Meiner Tochter Reis geht glücklich vonstatten. Ich habe heute von ihr einen Brief von Châlons bekommen. Heute ist es ein harter Tag vor sie, denn da wird sie des Königs Haus quittieren und recht ernstlich eine Frau werden, denn ihr Herr und sie sollen diese Nacht beisammen schlafen; das wird ihr spanisch vorkommen … Ob meine Tochter ihren Herzog zwar recht schön findt, so war ihr doch greulich schwer ums Herz, dass er sie abholen sollte, sagte, sie wäre so beduddelt (verwirrt), dass sie nichts tät als zittern und wüsste nicht mehr, was sie sagte. Es wäre ihr auch Angst auf die Nacht … Mich verlangt unerhört zu vernehmen, wie die erste Nacht abgeloffen ist …“ Doch Liselotte hatte sich umsonst gesorgt. Die Nachrichten aus Lothringen klangen gut und es hieß sogar, Elisabeth Charlotte und Leopold seien tatsächlich ineinander verliebt.

Die Briefschreiberin

Nun, da beide Kinder „aus dem Haus“ waren, verlief Liselottes Leben wieder in ruhigeren Bahnen. Im Frühjahr 1699 siedelten Madame und Monsieur wie in jedem Jahr auf ihren Sommersitz Saint-Cloud über, dessen Parkanlage immer prächtigere Formen annahm. Erst unlängst hatte Philipp von Orléans einen Wasserfall nach den Zeichnungen von Mansart wiederherstellen lassen, der zum Besuchermagneten geworden war. So berichtete der *Mercure:* „Der Park von Saint-Cloud ist jeden Abend gefüllt mit den Vornehmsten, die Paris zu bieten hat.“ Nur Liselotte weigerte sich meist, an den mondänen Festlichkeiten ihres Mannes teilzunehmen, wie auch Saint-Simon in seinen Erinnerungen festhielt: „Die verschiedensten Vergnügungen und Lustbarkeiten verliehen Saint-Cloud den Reiz und das Gepräge eines glanzvollen Zauberschlosses, man labte sich an der vorzüglichen Küche und all das geschah, ohne dass Madame sich auch nur im geringsten darum kümmerte oder auch nur das mindeste dazu beitrug. Sie nahm das Mittag- und das Abendessen mit Monsieur und den Damen ein, fuhr zuweilen mit einigen von ihnen im Wagen spazieren, ging der Gesellschaft meist schmollend aus dem Weg, war wegen ihres aufbrausenden schroffen Temperaments und ihrer oft recht bösen Anmerkungen gefürchtet und verbrachte den ganzen Tag in einem Gemach, das sie sich eigens ausgewählt hatte, dessen Fenster in einer Höhe von etwas mehr als drei Metern über dem Boden lagen; dort betrachtete sie die Porträts der Pfälzer und anderer Fürsten, Porträts, mit denen sie sämtliche Wände vollgehängt hatte, und dort schrieb sie täglich ganze Bände von Briefen, deren eigenhändig verfertigte Abschriften sie sorgsam aufzubewahren pflegte. Monsieur hatte es nicht vermocht, sie zu einer geselligeren, umgänglicheren Lebensart zu bewegen, er ließ sie also gewähren. Er kam recht gut mit ihr aus ohne sich viel um sie zu kümmern und ohne jeden weiteren vertrauten Umgang.“ Auch Liselotte selbst war auf ihren Mann anscheinend wieder besser zu sprechen, wie sie 26. Juli 1699 ihrer Tante Sophie verriet: „Es ist gewiss, dass wenn Monsieur nicht so schwach wäre, und sich von den bösen Leuten, die ihm lieb und wert sein, alles weismachen ließe, würde er der beste Herr der Welt sein; ist also mehr zu bejammern als zu hassen, wenn er einem was Übles tut.“

Was Liselotte am französischen Hof schmerzlich vermisste, das waren insbesondere geistige Anregungen. Gewiss, sie ging gerne ins Theater und amüsierte sich vor allem über die Komödien von Molière, doch nur allzu gern hätte sie anschließend auch über dessen gesellschaftskritische Stücke diskutiert. Während Tante Sophie in Hannover mit dem Hofbibliothekar, Philosophen und Universalgenie Gottfried Wilhelm Leibniz (1646–1716) über „Gott und die Welt" reden konnte, fehlte Liselotte ein vergleichbarer Gesprächspartner. So blieb ihr nur die Korrespondenz mit der deutschen Verwandtschaft, zahllose Briefe, oft bis zu zwölf Stück am Tag. Insgesamt dürften es etwa 25 000 gewesen sein, von denen zwischen 4000 und 6000 noch heute erhalten sind. Damit gehörte Liselotte neben dem Grafen von Saint-Simon zu den wichtigsten Chronisten des Lebens am Hof des Sonnenkönigs. Ein höfischer Beobachter erinnerte sich: „Das waren nicht eben kurze Briefe, die sie üblicherweise schrieb. Sie füllte gar wohl zwanzig bis dreißig Blätter. Aber diese Prinzessin mochte ja nichts anderes tun als schreiben, vom Morgen bis in die Nacht."

Der Tod von Monsieur

Inzwischen war Liselotte zweifache Großmutter. Nach dem frühen Tod der ersten Tochter im Oktober 1694 hatte Philipps Frau Françoise Marie noch zwei weiteren Kindern das Leben geschenkt: 1695 war Marie Louise Elisabeth zur Welt gekommen, drei Jahre später Louise Adelaide.

Im Oktober 1699 wurde der erste Lothringer Enkel geboren, der nach dem stolzen Vater den Namen Leopold erhielt. Doch auch dieses Kind lebte nur wenige Monate. Im April 1700 erhielt Liselotte die traurige Nachricht, dass der kleine Junge „an Krämpfen" gestorben war. Keine Frage, dass Madame auch diesmal wieder den Ärzten die Schuld gab: „Des Herzogs Doktor hat das Kind ums Leben gebracht. Es war ein groß, stark Kind … Der Doktor gab ihm in 12 Stunden 4 Klistier, ein Pulver gegen die Gicht, gar viel von starkem Melissenwasser und englische Tropfen, das muss das arme Kind erstickt haben." Von den 13 Kindern, die die Herzogin von Lothringen zur Welt brachte, starben die meisten frühzeitig an den Pocken. Nur vier erreichten das Erwachsenenalter, darunter Franz-Stephan (1708–1765), der spätere Ehemann von Maria Theresia,

Kaiser des Heiligen Römischen Reiches und Begründer des Hauses Habsburg-Lothringen.

Zum privaten Kummer kamen erneut politische Befürchtungen. Schon im Sommer 1699 hatte Liselotte geschrieben: „Wenn der König in Spanien sterben sollte, würde wohl gar gewiss der Krieg kommen." Karl II. von Spanien, Witwer von Liselottes Ziehtochter Marie Louise, hatte nach dem Tod seiner Frau zwar wieder geheiratet, doch auch die 1690 geschlossene Ehe mit Maria Anna von Pfalz-Neuburg (1667–1740), Tochter des Kurfürsten Philipp Wilhelm, war bislang kinderlos geblieben. Hellsichtig schrieb Liselotte: „Es wäre ein Glück für ganz Europa, wenn die Königin von Spanien ein Kind bekommen könnte; Bub oder Mädchen, alles wäre gut, wenns nur ein Kind wäre und leben blieb. Man muss kein Prophet sein, um zu sehen, dass es Krieg geben muss, wenn der König von Spanien ohne Erben sterben sollte." Dieses Kind kam nie zur Welt. Der stets kränkelnde Karl II. starb am 1. November 1700 im Alter von 32 Jahren, ohne Erben zu hinterlassen. Es kam, wie Liselotte befürchtet hatte. Kaum war der spanische König unter der Erde, da widerrief Frankreich die Verzichtserklärung auf das spanische Erbe aus dem Pyrenäenfrieden von 1659, die anlässlich der Hochzeit Ludwigs XIV. mit Maria Theresia unterzeichnet worden war. Nachdem die Linie der spanischen Habsburger erloschen war, sollte nun Ludwigs Enkel, der zweite Sohn des Dauphins, als Philipp V. (1683–1746) den Thron besteigen und das Zeitalter der spanischen Bourbonen einläuten. Allerdings meldete Kaiser Leopold, der in dritter Ehe mit Eleonora Magdalena von Pfalz-Neuburg (1655–1720), verheiratet war, einer Schwester der spanischen Königin-Witwe, seinerseits Erbansprüche an. Schon im folgenden Jahr begann, wie Liselotte befürchtet hatte, der Spanische Erbfolgekrieg. Diese Auseinandersetzung sollte erst 1714 mit dem Frieden von Rastatt enden. Philipp V. wurde als König bestätigt, allerdings unter der Bedingung, dass Frankreich und Spanien nie in Personalunion vereint würden.

Doch zuvor wurde Liselottes Leben durch ein ganz anderes Ereignis erschüttert. Während sie selbst im Juni 1701 wegen einer fiebrigen Erkältung das Bett hüten musste, erfreute sich Monsieur offenbar bester Gesundheit. Am Abend des 8. Juni war er von einem Ausflug nach Marly nach Saint-Cloud zurückgekehrt. Er besuchte Liselotte am Krankenbett und heiterte sie mit dem neuesten Hofklatsch auf. Anschließend begab er sich zum Souper, während Madame in ihren Gemächern zurückblieb. Etwa eine halbe Stunde später hörte sie aufgeregte Schreie aus dem Speisesaal. Kurz darauf kam eine Hofdame zu ihr und bat sie, unverzüglich zu kommen – Monsieur gehe es schlecht, er sei plötzlich beim Essen zusammengebrochen. Während Liselotte zu ihrem Mann eilte, hatten bereits die Ärzte die üblichen Maßnahmen vorgenommen, Aderlass und Brechmittel, die ihre Wirkung selbstredend verfehlten. Inzwischen war Monsieur kaum noch ansprechbar, sodass man mit dem Schlimmsten rechnen musste. Am nächsten Tag informierte Liselotte gleich ihre Tante Sophie: „Es schreibt E. L. die Unglücklichste von allen Kreaturen, der Schlag hat Monsieur gestern Abend gerührt und zehn Uhr abends. Er liegt in den letzten Zügen und ich ins größte Unglück von der Welt." Philipp von Orléans starb noch am gleichen Tag, am 9. Juni 1701, im Alter von knapp 61 Jahren. Als man Liselotte über das Ableben ihres Gemahls informierte, war sie völlig außer sich. Das lag freilich weniger daran, dass sie so sehr um den Verstorbenen trauerte, als vielmehr an ihrer Angst vor der Zukunft. Wie die Anwesenden berichteten, soll Madame entsetzt ausgerufen haben: „Nicht ins Kloster! Sprecht mir nicht vom Kloster! Ich will nicht ins Kloster!"

Tatsächlich war der Tod von Monsieur in mehrfacher Hinsicht eine Zäsur in Liselottes Leben. Als Witwe verlor sie den Titel Herzogin von Orléans, der jetzt auf ihre verhasste Schwiegertochter überging. Zudem sah ihr Ehevertrag tatsächlich vor, dass sie sich im Fall der Witwenschaft entweder in ein Kloster zurückziehen oder auf Schloss Montargis leben müsse, das ihr als Witwensitz zugeteilt worden war. (Das Schloss existiert heute nicht mehr. Es wurde während der Französischen Revolution zerstört und anschließend als Steinbruch benutzt.) Die Aussicht, auf Montargis leben zu müssen, in der französischen Provinz rund 125 Kilometer südlich von Paris, schien kaum eine bessere Option zu sein als der Eintritt in ein Kloster. Liselotte war völlig verzweifelt.

Noch war keine Entscheidung über Liselottes Zukunft gefallen, doch es schien zumindest einen kleinen Silberstreif am Horizont zu geben. Jedenfalls schrieb sie am 12. Juni 1701 an Sophie: „Madame de Maintenon ließ mir durch einen Sohn sagen, dass es jetzt die rechte Zeit wäre, mich mit dem König zu versöhnen. Hierauf habe ich meine Überlegungen gemacht und mich erinnert, wie oft E. L. mir geraten haben zu suchen, mich mit dieser Dame selbst zu versöhnen." Sie hatte keine Wahl; sie musste über ihren Schatten springen und versuchen, die Maintenon für sich einzunehmen. Anderenfalls würde man sie wohl tatsächlich ins Kloster abschieben. Doch Madame hat ihre Tante angeschwindelt, denn das Versöhnungsangebot der Maintenon hat es so überhaupt nicht gegeben. Es war vielmehr Liselottes eigener Entschluss, ihre Todfeindin aufzusuchen und gnädig zu stimmen. Mit bangem Herzen machte sie sich auf den Weg nach Versailles.

Unter dem Vorwand, ihr für die Beileidsbezeugungen zum Tod von Monsieur danken zu wollen, lud sie die Maintenon selbst zu einer Unterredung ein, und das Treffen kam auch tatsächlich zustande. Glaubt man den Zeilen, die Liselotte an ihre Tante schickte, dann endete alles mit einer großen Versöhnung: „Ich habe ihr gleich wiederholt, wie content (zufrieden) ich von ihr wäre und begehre ihre Freundschaft. Habe ihr auch gestanden, dass ich übel mit ihr zufrieden gewesen, weil ich gemeint, dass sie mir des Königs Gnaden entzogen und mich gehasst hätte. Dass ich es auch von Madame la Dauphine erfahren, wolle aber gerne alles vergessen, wenn sie nur meine Freundin sein wolle. Hierauf hat sie mir viele schöne und eloquente Sachen gesagt und ihre Freundschaft versprochen und wir haben uns herzlich umarmt." Glaubte Sophie tatsächlich, was ihre Nichte da schrieb? War es möglich, dass eine 20-jährige Feindschaft so rasch und problemlos beigelegt werden konnte? Vermutlich wird die lebenskluge Kurfürstin-Witwe geahnt haben, dass die Realität etwas anders aussah.

Tatsächlich verschwieg Liselotte, dass der Besuch der Maintenon mit einer entsetzlichen Demütigung verbunden war, über die

Madame de Maintenon, zunächst Erzieherin der königlichen Kinder, später die Mätresse Ludwigs XIV., war Liselottes schärfste Rivalin. Die Pfälzerin machte aus ihrer Abneigung keinen Hehl und bezeichnete die Maintenon in ihren Briefen nach Deutschland stets als „alte Zott" oder „böse Hexe". Das freilich hatte ungeahnte Folgen ... – Pierre Mignard, Öl auf Leinwand, 1694.

sie mit niemandem reden wollte. Die Wahrheit kennen wir nur, weil ihre Vertraute, die Hofdame Charlotte de Ventadour (1654–1744), bei der Unterredung anwesend war und später dem Chronisten Saint-Simon darüber berichtet hat. Tatsächlich zeigte sich die Maintenon zunächst von ihrer freundlichen Seite und sprach von einer längst überfälligen Versöhnung, auch zwischen Liselotte und dem König. Voraussetzung sei jedoch, dass der künftig keinen Grund mehr habe, mit seiner Schwägerin unzufrieden zu sein. Liselotte war sich offenbar keiner Schuld bewusst, zumal sie ihre höfischen Pflichten niemals vernachlässigt habe. Nur anlässlich der Hochzeit ihres Sohnes mit Mademoiselle de Blois habe sie möglicherweise überreagiert. Aber sonst? Daraufhin zog Madame de Maintenon kalt lächelnd ein Blatt Papier hervor und forderte Liselotte auf, den Inhalt zu lesen. Sie wurde bleich, denn was sie in den Händen hielt, war einer ihrer eigenen Briefe, die sie an Sophie von Hannover geschrieben hatte und der ganz offensichtlich abgefangen worden war.

Das war freilich keineswegs überraschend, und Liselotte wusste das auch. Einmal hatte sie kess behauptet: „Sollte man aber auf der Post so curieux sein, diesen Brief zu öffnen und zu lesen, so werden sie meine Meinung sehen und ich bin also der Mühe enthoben, ihnen selbige mit der Zeit zu sagen.“ Liselotte wusste also genau, dass ihre Briefe nach Deutschland kontrolliert wurden. Weil die Post häufig so lange unterwegs war – schließlich mussten die königlichen Spione den Inhalt erst ins Französische übertragen –, hatten sich Liselotte und Sophie sogar vorübergehend darauf geeinigt, gleich auf Französisch zu schreiben, um so die Ankunft der Briefe zu beschleunigen. Obwohl ihr 1698 verstorbener Onkel Ernst August mehrfach gemahnt hatte, sie solle sich mit ihren kritischen Äußerungen zu französischen Interna zurückhalten, schrieb Liselotte unbefangen alles auf, was ihr am Herzen lag, machte sich über die Gepflogenheiten am französischen Königshof lustig, schimpfte über das Essen, entsetzte sich über die Hofärzte und machte keinen Hehl daraus, wen sie mochte und wen nicht. All das konnte sie jetzt noch einmal schwarz auf weiß nachlesen: ihren Hass auf Madame de Maintenon, ihre Kritik an der Politik des

Königs insbesondere im Pfälzischen Erbfolgekrieg, aber auch über das Elend in Frankreich, das 1692 zu Aufständen geführt hatte. Liselotte, völlig aufgelöst, brach in Tränen aus, während die Maintenon gnadenlos den Finger in die Wunde legte: „Ist Ihnen klar Madame, welche Ungeheuerlichkeit jeder Teil dieses Briefes bedeutet? Noch dazu im Ausland?“ Es scheint Liselotte überhaupt nicht klar gewesen zu sein, dass man ihr aufgrund des Inhalts ihrer Briefe leicht Hochverrat hätte vorwerfen können. Sie schämte sich entsetzlich.

Doch die Maintenon war noch nicht mit ihr fertig. Gespielt harmlos fragte sie nach, warum Liselotte eigentlich so gehässig zu ihr wäre. Die versuchte sich herauszureden, gab vor, es sei vielmehr die Maintenon gewesen, die sich verändert und sich von ihr zurückgezogen habe. Daraufhin spielte die königliche Mätresse ihren großen Trumpf aus: Nicht nur Liselottes Briefe seien unverschämt gewesen, sondern es gebe auch eine Zeugin, die ihr brühwarm alle Gehässigkeiten von Madame zugetragen habe. Diese Zeugin war allerdings seit mehr als zehn Jahren tot. Liselotte schwante Entsetzliches: Es handelte sich um die Dauphine, die schüchterne Wittelsbacherin Maria Anna, ihre vermeintliche Leidensgenossin. Beide schienen in Abneigung gegen die Maintenon vereint gewesen zu sein, doch die Dauphine war zur Verräterin geworden, um sich bei ihrer Feindin beliebt zu machen. Und Liselotte hatte nichts von alledem geahnt! Ihr Vertrauen war schamlos missbraucht worden. Über diese Erniedrigung konnte sie mit niemandem sprechen, geschweige denn ihrer geliebten Tante Sophie davon berichten.

Dennoch endete die Unterredung tatsächlich versöhnlich, oder besser gesagt, mit einer Art „Waffenstillstand“ zwischen den beiden Damen. Auch Ludwig XIV. versprach seiner Schwägerin, über die unerfreulichen Dinge der letzten Jahre den Mantel des Schweigens auszubreiten, und versicherte ihr, sie könne sich künftig wieder seiner Freundschaft gewiss sein. Liselotte konnte aufatmen. Am 15. Juni 1701 verfasste sie einen Brief an Madame de Maintenon, in dem sie sich noch einmal für alles bedankte: „Ich kann jedoch nicht länger an mich halten und muss Ihnen sagen, wie stark ich berührt bin von den Gunstbezeugungen, die der König meinem

Sohn gewährt und davon, wie gut er ihn und mich behandelt. Da dies eine Folge Ihrer guten Ratschläge ist, Madame, so mögen Sie mir erlauben Ihnen zusagen, dass ich das wohl zu würdigen weiß und möchte Ihnen versichern, dass ich Ihnen die unverbrüchliche Freundschaft bewahren werde, die ich Ihnen versprochen habe. Ich bitte sie, mir auch weiterhin Ihren werten Rat zuteil werden zu lassen und niemals an meiner Dankbarkeit zu zweifeln, die ich Ihnen bewahren werde bis ans Ende meiner Tage." Wie viel Überwindung diese Zeilen Liselotte gekostet haben müssen, das wusste nur sie allein. Dabei hatte sie allen Grund dankbar zu sein, wieder in der Gunst des Königs zu stehen.

„Gar keine gute Hoffnung"

Dankbar, erleichtert und ihrerseits versöhnlich gestimmt entschloss sich Liselotte, ihrem verstorbenen Gemahl einen letzten Gefallen zu tun. Sie hatte nämlich in Monsieurs Kabinett mehrere Briefkassetten entdeckt, „aus denen mir Schwaden sehr starken Parfums entgegenschlugen". Es waren jene Schreiben, die Philipp von Orléans mit seinen Günstlingen gewechselt hatten und die gewiss nicht für die Augen einer voyeuristischen Nachwelt bestimmt waren. Ohne einen Blick hineingeworfen zu haben, übergab sie die verfänglichen Briefe am 14. Juni 1701 den Flammen.

Zwei Tage später, als Monsieurs Testament eröffnet wurde, wird Liselotte ihre noble Geste womöglich bereits bereut haben. Während ihr Sohn als Universalerbe eingesetzt worden war und die Töchter zumindest mit wertvollem Schmuck bedacht wurden, ging Liselotte vollkommen leer aus und stand jetzt mittellos da. Obwohl in ihrem Ehevertrag nichts anders vorgesehen war, fiel sie doch aus allen Wolken: „Soviel man jetzt davon urteilen kann", schrieb sie am 30. Juni 1701 nach Hannover, „wird es schlecht kommen, wenn des Königs Gnade nicht zur Hilfe kommt. Ich glaube, dass es mir vorteilhafter wäre, selbst gestorben zu sein, als was mir widerfahren." Blieb ihr also doch nur das Kloster? Oder konnte sie mit der Unterstützung Ludwigs XIV. rechnen? Von dieser Hoffnung schrieb sie Sophie am 7. Juli: „Dass Monsieur meiner nicht in seinem Testament gedacht, ist kein Wunder … Monsieur hat's lieber an die geben wollen, die ihn divertiert (vergnügt) haben, denn man findt, dass drei junge Burschen des Jahrs jeder einhunderttausend Taler eingezogen haben … E. L. können wohl gedenken, dass ich meinen möglichsten Fleiß tun werde, mich in Königs Gnaden und Madame de Maintenons Freundschaft zu erhalten. Allein wer kann versichern, dass dieses Bestand haben mag. Dies alles wohl überwogen macht mir gar keine gute Hoffnung vor meinem zukünftigen Leben. Ich gestehe wohl, dass mich Monsieur oft geplagt und chagriniert (geärgert) hat, aber das war nur aus Schwachheit und zu sehr sich denen ergeben, so zu seine Späß und Freuden halfen …"

In der höfischen Gesellschaft hinterließ Monsieur eine große Lücke, wie auch Saint-Simon bemerkte: „Für die meisten Höflinge bedeutete sein Tod einen wirklichen Verlust, er belebte alle Unterhaltungen, er war die Seele aller Vergnügungen und sobald er die Gesellschaft verließ, erschien alles ganz leblos und wie erstarrt." Auch wenn die Zeit der großen Feste auf Saint-Cloud der Vergangenheit angehörte, so gingen die Lichter doch nicht aus. In einer großzügigen Geste gestattete Ludwig XIV. seiner verwitweten Schwägerin, in ihrem geliebten Schlösschen wohnen zu bleiben. Auch künftig verbrachte Liselotte die Sommermonate dort, während sie in der kalten Jahreszeit ihr Appartement im Pariser Palais Royal bezog, gleich neben Sohn und Schwiegertochter.

„Ein Leben, welches gar nicht lustig ist" –

Zeit des Abschiednehmens

„mich zur Bettlerin zu machen" – Pekuniäre Probleme

Die nächsten Monate waren von finanziellen Sorgen überschattet. Dass der Herzog von Orléans sie unversorgt zurückgelassen hatte, empfand Liselotte als Skandal. Aber auch ihrem Vater machte sie schwere Vorwürfe, wie sich aus jenem Brief ersehen lässt, den sie am 28. November 1701 nach Hannover schrieb: „Ich kann nicht begreifen, wie Papa selig mich mein Heiratscontract hat unterschreiben machen, denn niemals ist einer erbärmlicher gemacht worden und just um mich zur Bettlerin zu machen. I. G. Selig müssen die französischen Sachen nicht verstanden haben, es wäre sonst unmöglich gewesen, dass sie diesen Contract nicht hätte andern machen."

Aber nicht nur der Vater hatte sie im Stich gelassen. Auch der neue Kurfürst von der Pfalz, Johann Wilhelm, weigerte sich, Liselotte jene Pension zu zahlen, die ihr im Frieden von Rijswijk ausdrücklich zugesagt worden war. In dieser Angelegenheit wandte sich Madame sogar an Papst Clemens XI. (1700–1721), der bezüglich „der Rechtsansprüche, die ich aufgrund meiner Geburt in der Pfalz habe", vermitteln sollte: „Ich erwarte mir von Eurem Gerechtigkeitssinn eine rasche Entscheidung des Falles", schrieb sie am 26. Juni 1701. Doch Liselottes Hoffnungen wurden weitgehend enttäuscht. Im Februar 1702 schlug der Papst lediglich einen Kompromiss vor: Kurfürst Johann Wilhelm von Pfalz-Neuburg sollte Liselotte einen einmaligen Betrag von 300 000 römischen Scudi zahlen (wobei ein Scudo in etwa dem Wochenlohn eines Dienstboten entsprach). Da sich der Kurfürst aber dieser Forderung widersetzte, schwelte der Erbstreit weiter und es ist unklar, ob Liselotte jemals auch nur einen Scudo erhalten hat.

In finanzieller Hinsicht war sie also auf das Wohlwollen ihres königlichen Schwagers angewiesen. Von dem Geld, das ihr aus ihrer Mitgift zugestanden hätte, war auch nichts mehr da, denn Monsieur hatte das ganze Vermögen seiner Frau verschleudert. Ludwig XIV. aber zeigte sich großzügig und gewährte Liselotte eine Pension in Höhe von 40 000 Livres pro Jahr. Es ist schwierig, die Kaufkraft mit der heutigen Währung zu vergleichen. Mitte des 18. Jahrhunderts zahlte man für eine Mittagsmahlzeit etwa ein Livre, ein Pferd kostete damals100 Livres, aber zu Liselottes Zeiten dürfte die Kaufkraft größer gewesen sein. Insgesamt reichte das Geld jedenfalls gerade so zum Leben. Dabei war Madame ohnehin recht sparsam, doch sie musste von dieser Summe ihren gesamten Hofstaat finanzieren, der etliche Personen umfasste. Es wäre vielleicht tatsächlich etwas eng geworden, hätte nicht der junge Philipp von Orléans seiner Mutter unter die Arme gegriffen. Aus seiner gut gefüllten Schatulle erhielt sie schließlich eine jährliche Rente von 400 000 Livres, die sie aller finanziellen Nöte enthob.

Nun galt es, das Leben völlig neu zu ordnen. Auch wenn Liselotte allen Grund gehabt hätte, ihrem verschwenderischen Gemahl zu zürnen, so gab es für sie doch keinen Grund verbittert zu sein. Im Gegenteil: Nachdem die letzten Jahre recht harmonisch verlaufen waren, erschien die Erinnerung an Monsieur in einem eher milden Licht. „Er hat sich also gebessert und tat mir kein Leid mehr an", schrieb sie nach Hannover. Auch das Verhältnis zum König war nach der unangenehmen Aussprache mit der Maintenon endlich wieder unbelastet. Das lag aber möglicherweise auch daran, dass Madame als Witwe am französischen Hof praktisch keine Rolle mehr spielte.

„Allein in meinem Kabinett"

Eigentlich war Liselotte mit ihrem Los ganz zufrieden, nun, da sie kaum noch repräsentative Aufgaben zu erfüllen hatte. Aber dass Frankreich den Erbfolgekrieg gegen Spanien führte, blieb nicht ohne Einfluss auf das höfische Leben: „Man hört von nichts als Krieg und

Kriegsgeschrei", verriet sie am 12. April 1702 ihrer Halbschwester Raugräfin Louise. „Man sieht überall Leute, so Abschied nehmen. Der Hof wird bald sehr leer sein. Das ist aber meine geringste Bekümmernis, denn es geht mir keine Gesellschaft daran ab, denn ich bin den ganzen langen Tag allein in meinem Kabinett und die Zeit wird mir nicht lang. Finde die Tage zu kurz, habe viele Blumen vor meinem Fenster, viele Hündchen, die ich recht lieb habe, gegrabene Steinchen, viel Bücher. Damit kann ich mich sehr wohl unterhalten und damit geschieht weder Gott noch der Welt Verdruss."

Liselottes „Hündchen" waren ihre treuen Begleiter, ganz gleich, ob sie einen Spaziergang durch den Schlosspark unternahm oder am Schreibtisch saß, um ihre Korrespondenz zu erledigen. Dann lagen sie zu ihren Füßen: Badine, Robe und Charmille, Mionne sowie Tilette, Madames Zwergspaniel, damals in Adelskreisen die beliebteste Hunderasse. Nachts fanden sie sogar ein Plätzchen in Liselottes Bett.

Als junge Frau war sie bekanntlich eine leidenschaftliche Jägerin gewesen. Doch die Zeit, als sie gemeinsam mit Ludwig durch die Wälder galoppiert war, gehörte der Vergangenheit an. Korpulent und schwerfällig, wie sie inzwischen war, bevorzugte sie bei den selten gewordenen Jagdausflügen eine kleine Kalesche, in der sie bequem sitzend das Geschehen verfolgen konnte. Die meiste Zeit verbrachte sie jedoch in ihren Gemächern, wo sie ihre seitenlangen Briefe nach Deutschland schrieb, mehr als je zuvor. Dabei gab es nicht viel zu berichten, zumal Liselotte inzwischen wesentlich zurückhaltender geworden war und längst nicht mehr alles ausplauderte. Im Juli 1702 gab sie Tante Sophie gegenüber ganz offen zu: „Neues weiß ich jetzt ganz und gar nicht, und wenn ich es gleich wüsste, dürfte ich es nicht sagen, denn man hat mich gewarnt, dass die, so meine Briefe lesen, gar wundersame Bemerkungen darüber machen, um mir beim König Händel zu machen." Stattdessen gab Liselotte eine kleine sommerliche Anekdote zum Besten: „Die verfluchten Schnaken lassen mich hier keine Stund schlafen. Sie zerbeißen mich, als wenn ich wieder die Kinderblattern (Masern oder Windpocken) hätte. Wir sind auch sehr mit Wespen geplagt. Es geht kein Tag vorbei, dass nicht jemand gestochen wird. Vor etlichen

Ein halbes Jahrhundert verbrachte Liselotte am französischen Königshof. Trotzdem ist sie stets eine Fremde geblieben. Sie haderte mit den Sitten und Gebräuchen, kritisierte das französische Essen und den katholischen Glauben, der in Frankreich Staatsreligion war. Sie selbst hatte vor ihrer Hochzeit zum Katholizismus konvertieren müssen. – Hyacinthe Rigaud, Öl auf Leinwand, um 1719

Tagen war ein greulich Gelächter: Eine von den Wespen war einer Dame unter den Rock geflogen. Die Dame lief, als ob sie närrisch wäre, denn die Wespe stak ihr oben in den Schenkel. Sie hob den Rock auf, lief herum und rief: ‚Macht die Augen zu und nehmt sie weg!‘ Unbeschwerte Sommerzeit.“

„Stiller als in einem Nonnenrefektorium“

Unterdessen nahm der Spanische Erbfolgekrieg immer größere Ausmaße an. Während Bayern und Savoyen mit Frankreich verbündet waren, stand auf der Gegenseite die mächtige Allianz des Kaisers, Englands und der Niederlande. Ein Ende der Kampfhandlungen war noch lange nicht in Sicht, die Listen der Gefallenen wurden immer länger.

Doch Liselotte wurde auch mit anderen Todesfällen konfrontiert. Im Juni 1702 starb ihr Halbbruder Karl Moritz, nachdem „das Saufen sein Leben verkürzt“ hatte, im Alter von 31 Jahren. Im Dezember des gleichen Jahres erlag Madames alter Rivale, der Chevalier de Lorraine, den Folgen eines Herzanfalls. Weder um den einen noch den anderen konnte sie trauern. Wirklich schockiert war sie allerdings, als sie vom Tod ihrer Cousine Sophie Charlotte erfuhr, die am 1. Februar 1705 an einer schweren Lungenentzündung verstarb. Sie war nur 36 Jahre alt geworden. An Sophie, die über den Tod ihrer Tochter selbst ganz verzweifelt war, schrieb Liselotte am 18. Februar: „Meine Augen tun mir so weh, dass ich nicht mehr schreiben kann, ich muss immerzu weinen. Die liebe Königin selig hat mir allezeit viel Gnad und Freundschaft erwiesen, dass ich sie geliebt habe, als wenn sie meine leibliche Schwester wäre.“

Seit Liselotte ihre Cousine zum letzten Mal gesehen hatte, waren inzwischen 25 Jahre vergangen. Damals, als ihre geliebte Tante gemeinsam mit der kleinen Tochter Frankreich besucht hatte, war noch über eine Verbindung der Hannoveranerin mit dem Dauphin spekuliert worden. Aus diesem Projekt war bekanntlich nichts geworden. Stattdessen heiratete Sophie Charlotte den Kurprinzen von Brandenburg, der 1688 Kurfürst und 1701 als Friedrich I.

schließlich König „in Preußen“ wurde. Aus der Ehe ging nur ein einziges Kind hervor, der 1688 geborene Friedrich Wilhelm, der später als „Soldatenkönig“ bekannt werden sollte. Die kluge und musisch begabte Sophie Charlotte machte sich hingegen einen Namen als „Philosophin auf dem Thron“, denn sie besaß die Freiheit, genau das zu tun, was Liselotte in Frankreich so schmerzlich vermisste: Auf dem später nach ihr benannten Schloss Charlottenburg vor den Toren Berlins versammelte sie einen Kreis bedeutender Schriftsteller, Künstler und Intellektueller, mit denen sie musizierte und diskutierte, während sich Friedrich I. lieber mit repräsentativen Fragen beschäftigte.

Liselotte mochte die preußische Königin heimlich beneidet haben, doch inzwischen hatte auch sie den nötigen Freiraum, um persönlichen Interessen nachzugehen. Aber ihr fehlte der geistige Austausch mit Gleichgesinnten, was sie auch in ihrem Brief an Raugräfin Amelise vom 16. Mai 1705 zum Ausdruck brachte: „Hier geht es stiller her als in einem Nonnenrefektorium. Ein jedes isst vor sich hin und wird kein Wort gesprochen, noch an kein Lachen gedacht … Es sind kein Karthäuser, so ein stiller und einsamer Leben führt als ich. Ich glaube, ich werde endlich das Reden verlernen, jedoch werde ich nun hinfüro ein wenig mehr reden: Die Frau von Rotzenhausen kommt heute Abend oder morgen an. Mit der überlege ich noch wohl die alten Geschichten unserer Jugend.“ Bei diesem Gast handelt es sich tatsächlich um Liselottes Jugendfreundin Eleonore von Rathsamhausen, über deren Besuch sich Liselotte umso mehr freute, als sie dann endlich wieder ihre deutsche Muttersprache anwenden konnte. Wir wissen leider nichts Näheres über dieses Zusammentreffen, das vermutlich ein kleiner Lichtblick in Liselottes recht einsamen Leben gewesen sein wird, denn in ihrem Brief an Amelise heißt es weiter: „Ich will Euch wohl mein Leben hier sagen. Alle Tag, außer Sonntag und Donnerstag, stehe ich um neun Uhr auf, hernach knie ich nieder und verrichte mein Gebet und lese mein Psalm und Kapitel aus der Bibel. Hernach wasch ich mich, so sauber ich kann. Nachdem schelle ich, dann kommen meine Kammerweiber und ziehen mich an, um dreiviertel auf elf bin ich angetan. Dann lese ich oder schreib. Um zwölf gehe ich in die Mess, welche keine halbe Stunde währt. Nach der Mess rede ich mit meinen oder anderen Damen. Um eins precis geht man zur Tafel. Gleich nach der Tafel gehe ich in mein Kammer ein Viertelstund auf und ab, danach setze ich mich an meine Tafel und schreibe. Bis um halb sieben lass ich meine Damen holen, gehe eine Stund oder anderhalb spazieren, dann wieder in mein Kammer bis zum Nachtessen. Ist das nicht eine rechte Einsiedelei? Male fahr ich auf die Jagd, das währt eine Stund, zwei aufs höchste, dann wieder in meine Kammer. Auf der Jagd bin ich ganz allein in einer Kaleschen, schlaf oft ein, wenn die Jagd nicht zum besten geht. Man isst um zehn zur Nacht, um dreiviertel elf geht man von der Tafel. Dann ziehe ich meine Uhren auf, tue mein Sackzeug (Bekleidung) in einen Korb, ziehe mich aus. Um zwölf Uhr gehe ich wieder, wo ich morgens hingehe, lese dort und dann zu Bett. Das ist mein ganzes Leben, welches gar nicht lustig ist."

Hatte Liselotte zu Lebzeiten von Monsieur die Stille und Einsamkeit noch bewusst gesucht, so sehnte sie sich jetzt nach ein wenig Abwechslung und Unterhaltung. Umso glücklicher war sie, als sie von Ludwig XIV. eingeladen wurde, gemeinsam mit der Hofgesellschaft nach Paris zu fahren, um dort die Baustelle des Invalidendoms zu besichtigen. Normalerweise hielt sich Liselotte nur ungern in der lauten und schmutzigen Hauptstadt auf, doch diesmal empfand sie die Fahrt als willkommene Unterbrechung ihres eintönigen Alltags, von der sie auch Sophie am 2. September 1706 berichtete: „Ich werde E. L. erzählen, was wir gestern Schönes gesehen. Wir fuhren hier um zehn weg und kamen um elf *aux invalides* an … Was man hier einen ersten Eindruck heißt, macht stutzen vor Verwunderung. Man sieht nichts als Marmor, schöne weiße Quaderstein und Gold. Wenn man just in der Mitten der Kuppel steht, sieht man sieben goldene Altäre." Weil es Liselotte nicht recht gelingen wollte, die ganze Pracht wirklichkeitsgetreu zu schildern, versprach sie ihrer Tante, ein Buch über den Invalidendom nach Hannover zu schicken, damit sie alles mit eigenen Augen sehen könne.

Der Invalidendom geht auf eine karitative Einrichtung aus dem 17. Jahrhundert zurück. Der „gute König" Heinrich IV. hatte an diesem Ort 1604 ein Haus zur Versorgung alter und kranker Soldaten bauen lassen, die bis dahin auf die Hilfe der Klöster angewiesen oder bettelnd durch das Land gezogen waren. Ludwig XIV. griff dieses Projekt im großen Stil wieder auf, wobei das Heim für die Invaliden gleichzeitig die militärische Macht Frankreichs repräsentieren sollte. Nach der Fertigstellung 1676 konnten fast 6000 Veteranen in den riesigen Bau, das Hôtel des Invalides, einziehen. Möglicherweise plante Ludwig XIV. zumindest vorübergehend, nach seinem Tod an dieser Stelle beigesetzt zu werden. Er ließ deshalb nicht nur eine Kirche für die Soldaten errichten, sondern auch sein eigenes Mausoleum, den Invalidendom, dessen Bau sich über ein Vierteljahrhundert erstreckte, weil er zusammen mit seinem Architekten Mansart die Innenausstattung äußerst sorgfältig plante. (Ludwig XIV. fand seine letzte Ruhestätte bekanntlich nicht im Invalidendom, sondern in der Grablege der französischen Könige in der Kathedrale von Saint-Denis. Stattdessen wurden die sterblichen Überreste Napoleons 1840 von seinem Verbannungsort St. Helena nach Paris überführt und in einem mächtigen Sarkophag aus Porphyrmarmor in der Krypta des Invalidendoms beigesetzt.) Nun, im Spätsommer 1706, konnte der Bau endlich eingeweiht und dem König übergeben werden.

„Eiszeit“ in Frankreich

Es hat den Anschein, als sei Liselottes Witwendasein in ruhigen Bahnen verlaufen. In ihren Briefen liest man zumindest nichts mehr von der „Kabale“ der Maintenon oder anderer Hofschranzen. Stattdessen schwelgte Liselotte in Kindheitserinnerungen, schrieb begeistert von ihrer Zeit in Hannover, in der sie wunderschöne Weihnachtsfeste erlebt hatte, oder von ihrer vergleichsweise freien Jugend in Heidelberg, als sie ihrer strengen Erzieherin so manchen Streich gespielt hat.

Anfang 1709 beherrschte jedoch ein ganz aktuelles Thema Liselottes Briefe nach Deutschland: ein ungewöhnlich kalter Winter, der damals nicht nur in Frankreich zahlreiche Todesopfer forderte. Schon im Herbst 1708 war sibirische Kaltluft nach Südwesten geströmt und hatte ganz Europa in einen „Eisschrank“ verwandelt. Selbst am Hof des Sonnenkönigs fror man ganz erbärmlich, denn draußen herrschten fast 20 Grad unter null und die großen Räume ließen sich nur völlig unzureichend heizen. Trotzdem setzte sich Liselotte wie gewohnt an den Schreibtisch, um Tante Sophie über den „Ausnahmezustand“ zu informieren. Am 10. Januar 1709 schrieb sie von Marly nach Hannover: „Es ist eine solch grimmige Kälte, dass es nicht auszusprechen ist. Ich sitze am lodernden Feuer, einen Vorhang vor der geschlossenen Tür, mit Zobelfell um meinen Hals und meine Füße in einem Bärenfell. Und doch zittere ich vor Kälte, sodass ich kaum die Feder halten kann. Mein Tag des Lebens habe ich keinen solch rauen Winter erlebt wie diesen … Und was am ärgsten ist, dass die Kälte mit scharfen durchdringenden Winden ist. Man kann kaum trinken, Wein und Wasser wird (selbst) bei dem Feuer zu Eis, alles, was man essen will, ist erfroren. Die Seine ist ganz zugefroren. Niemand kann von Paris hierher kommen. Man hört von nichts als Leuten, so Arm und Bein brechen. Es ist eine traurige und elende Zeit. Ein jedes steckt bei seinem Kamin und hustet und speit, das ist die einzige Musik, so man hört. Vier kleine Schornsteinfeger hat man gestern erfroren gefunden.“

Liselotte hatte in Frankreich schon manch eisigen Winter erlebt, denn damals herrschte die „kleine Eiszeit“ in Europa, die um 1700 ihren Höhepunkt erreichte. Als Ursache kommen heftige Vulkanausbrüche in Frage, deren Asche den Himmel verdunkelte. Doch dieser Winter setzte den Menschen besonders zu. Von Polen bis Portugal erfroren ganze Familien in ihren Wohnungen, ebenso das Vieh in den Ställen und die Tiere in den Wäldern. Zur Kälte kam der Hunger, denn die Städte waren von möglichen Lebensmittellieferungen abgeschnitten. Am 20. Januar 1709 schrieb auch Liselotte: „Alle Tage sterben hier Leute vor Kälte, man begräbt achtzehn und zwanzig auf einen Tag. Kein Mensch, so alt er auch sein mag, kann sich erinnern, einen solchen Frost erlebt zu haben.“ Am 11. Februar 1709 starb auch Liselottes Tante Luise Hollandine, dic sich eine fiebrige Erkältung zugezogen hatte. Die Äbtissin von Maubuisson hatte allerdings mit 86 Jahren ein ungewöhnlich hohes Alter erreicht.

In diesem Februar sanken die Temperaturen auf minus 40 Grad. Schloss Marly versank im Schnee, der Hof war völlig von der Außenwelt abgeschnitten. Der Winter schien ewig zu dauern. Erst Ende März zeichnete sich langsam ein Ende der Kältewelle ab. Der Schnee begann zu schmelzen und die Hofgesellschaft konnte von Marly wieder nach Versailles umziehen. Endlich wurde es Frühling. Überglücklich schrieb Liselotte am 11. April 1709: „Seit gestern Abend sind wir nun wieder hier. Es ist nun das schönste Wetter von der Welt. Gestern (Abend) hörte ich vor meinem Fenster die Nachtigallen süß singen bis um halb eins, hatte alle meine Fenster auf, es ging nicht einmal ein Lüftchen. Alles ist nun grün und ein recht angenehmer Frühling mit schönem Wetter angekommen." Das Hofleben nahm seinen gewohnten Lauf. Doch das „einfache Volk" bekam die Folgen des Winters nach wie vor zu spüren. Die Eiseskälte hatte fast die ganze Ernte vernichtet, sodass viele Menschen hungerten. Hinzu kamen drückende Steuerlasten, um den Spanischen Erbfolgekrieg zu finanzieren, der unendlich viel Geld verschlang. Selbst am Königshof musste man den Gürtel enger schnallen, goldene und silberne Prunkstücke wurden eingeschmolzen, wie Liselotte am 9. Juni 1709 von Versailles nach Hannover berichtete: „Das Lachen vergeht schier in allem und alles wird gar ernstlich. Der König hat all sein golden Geschirr in die Münz geschickt, goldene Schüsseln, so mit Diamanten und Rubinen eingefasst waren, gar schön eine *nef* (Tafelaufsatz in Form eines Schiffes), wo man die Servietten hintut, so die schönste Arbeit, so man mit Augen sehen konnte, das alles wird geschmelzt … Ganz Frankreich folgt dem Exempel und gibt all ihr Silbergeschirr. Das wird noch große Summen machen, den Krieg fortführen zu können. Ich wünsche sehr, dass man was Besseres erdenken machen und den Frieden befördern."

Trauer um die Enkelkinder

Der Frieden lag noch immer in weiter Ferne, als der französische Königshof von einem tragischen Todesfall erschüttert wurde. An

Ostern 1711 erkrankte der inzwischen 50-jährige Dauphin an den Pocken und starb kurze Zeit später am 14. April. Liselotte machte keinen Hehl daraus, dass der Tod des Thronfolgers ihr überhaupt nicht naheging. Zwei Tage später verriet sie Sophie: „Monsieur le Dauphin jammert mich zwar, allein ich kann nicht so betrübt über jemand sein, so mich gar nicht liebhatte und mich ganz verlassen, als über jemand, der allzeit mein Freund geblieben." Den 1682 geborenen neuen Dauphin, Sohn des Verstorbenen, mochte Liselotte hingegen recht gerne. Und auch das Verhältnis zu dessen Gemahlin, der einst so kindischen Marie Adelaide, hatte sich spürbar verbessert. Mit ihren inzwischen 25 Jahren war die Prinzessin wesentlich reifer und ernsthafter geworden. Drei Söhne waren aus der Ehe hervorgegangen, wobei der Älteste bereits im Säuglingsalter 1705 starb. Noch lebten der 1707 geborene Louis, Herzog der Bretagne, und sein gleichnamiger Bruder, der 1710 das Licht der Welt erblickt hatte.

Liselottes große Sorge galt jetzt Ludwig XIV., dem man seinen Kummer nur allzu deutlich ansah: „Er ist in einer Betrübnis, die einen Stein erbarmen möcht und gar nicht grittlich dabei, sondern spricht mit jedermann ganz sanftmütig, gibt alle betrübte ordres (Anordnungen) mit einer Standhaftigkeit, doch alle Augenblicke kommen ihm die Tränen in den Augen und seufzt innerlich. Es ist mit todbang, er wird selber krank werden, denn er sieht sehr übel aus."

Doch die Pocken wüteten auch in Lothringen. Nur wenige Wochen später erhielt Liselotte die traurige Nachricht, dass drei ihrer Enkelkinder binnen weniger Tage gestorben waren, die elfjährige Elisabeth Charlotte, die neunjährige Gabriele und der sieben Jahre alte Erbprinz Ludwig. Damit hatte die Herzogin von Lothringen bereits acht ihrer Kinder verloren. Nun blieb ihr nur noch der 1708 geborene Franz Stephan, der spätere Kaiser. Am 14. Mai 1711 teilte Liselotte ihren Kummer der Raugräfin Louise mit: „Ich habe heute die betrübte Zeitung erfahren, da meine Tochter noch ihren ältesten Sohn und letzte Tochter verloren, und die zwei jüngsten Prinzen sind noch nicht außer Gefahr. Ich fürchte, sie wird aus Leid sterben oder den Verstand verlieren, denn die artigen Kinder waren meiner Tochter einzige Lust und Freude. Alle Menschen, die sie sahen, lobten ihren Verstand und Schönheit. Die guten Kinder, die drei, die tot sind, schrieben mir alle Woch: nun habe ich nur zu viel Zeit zu schreiben … Es geschehen so viel Unglück, als wen die Schalen von der Offenbarung St. Johannis ausgeschüttet wären … Meine arme Tochter ist schwanger und sehr in Gefahr." Glücklicherweise waren Liselottes diesbezügliche Sorgen unbegründet. Am 15. Oktober 1711 brachte die Herzogin von Lothringen eine gesunde Tochter zur Welt, Elisabeth Therese (1711–1741), die spätere Königin von Sardinien. In den folgenden Jahren wurden noch zwei weitere Kinder geboren, die ebenfalls das Erwachsenenalter erreichten: Karl Alexander Emanuel (1712–1780) und Anna Charlotte (1714–1773).

Liselotte wusste genau, wie sehr ihre Tochter an den Kindern hing, zumal die Ehe mit Leopold I. die anfänglichen Erwartungen nicht erfüllt hatte. Obwohl der Herzog seine ehelichen Pflichten regelmäßig erfüllte, hatte er sich inzwischen einer Mätresse zugewandt. Damit teilte Elisabeth Charlotte das Schicksal zahlloser fürstlicher Geschlechtsgenossinnen. Liselotte stand mit ihrer Tochter in regelmäßiger und umfangreicher Korrespondenz. Doch von den schätzungsweise 3500 Briefen, die sie bis zu ihrem Tod nach Lothringen geschrieben hat, sind nur vier erhalten geblieben. Vermutlich hat ein verheerendes Feuer auf Schloss Lunéville, das die Herzogsfamilie 1702 bezogen hatte, 1719 die meisten der wertvollen Dokumente vernichtet.

Der Mann mit der eisernen Maske

Als Liselotte am französischen Königshof lebte, beschäftigte das Schicksal eines mysteriösen Unbekannten die Gemüter: der „Mann mit der eisernen Maske", in späteren Jahren Protagonist zahlreicher Romane und abendfüllender Spielfilme. Interessanterweise findet sich der erste „offizielle" Hinweis auf den rätselhaften Gefangenen, der tatsächlich eine Samtmaske trug, in einem der Briefe Liselottes. Diese schrieb nämlich am 10. Oktober 1711 an Tante Sophie: „Wenn jemand in die Bastille gesetzt wird, weiß es kein Mensch, weder bei Hof noch in der Stadt. Es ist noch wohl wunderlicher: Ein Mensch ist lange in der Bastille gesessen, der ist masquirt drin gestorben. Er hatte zwei Musketiere auf beider Seit, im Fall er die masque abtät, ihn gleich niederzuschießen. Er hat masquirt gegessen und geschlafen. Er muss doch was rechts gewesen sein, denn man hat ihn sonst sehr wohl tractirt (behandelt), wohl logiert, alles geben, was er begehrt hat. Er hat masquirt kommuniziert, war sehr fromm und hat kontinuierlich gelesen. Man hat sein Leben nicht erfahren können, wer der Mensch gewesen ist.“

Dafür schossen die Spekulationen umso wilder ins Kraut. Wer war dieser Mann? Der Träger irgendeines Staatsgeheimnisses? Wusste er möglicherweise etwas, was niemals an die Öffentlichkeit gelangen durfte? Etwa, dass der König gar kein legitimer Sohn Ludwigs XIII. war, sondern das Produkt einer außerehelichen Liaison Annas von Österreich? Nach einer weiteren Hypothese, die unter anderem von Voltaire vertreten und von Alexandre Dumas d. Ä. aufgegriffen wurde, handelte es sich um einen Zwillingsbruder Ludwigs XIV., der aus Angst vor möglicher Konkurrenz vom Hof entfernt wurde und sein Leben maskiert in Gefangenschaft verbringen musste. Eine andere Theorie besagt hingegen, der geheimnisvolle Gefangene sei ein Halbbruder des Königs gewesen, der verheimlichte Sohn aus einer Liebesaffäre der Königin-Witwe Anna von Österreich mit Kardinal Mazarin. Wie Liselotte am 2. November 1717 an Karoline von Wales schrieb, sollen die beiden heimlich verheiratet gewesen sein: „Die Königsmutter hat es wohl noch ärger gemacht als den Kardinal Mazarin lieb zu haben; sie hat ihn geheiratet gehabt, denn er war kein Priester, hatte keine Orden, so ihn zu heiraten verhindert hätten.“

Doch all das war vermutlich nichts weiter als der übliche Hofklatsch. Die Identität des „Mannes mit der eisernen Maske“, der 1703 in der Bastille verstarb, ist bis heute ungeklärt. Der letzte Eingeweihte, der die Wahrheit hätte ans Licht bringen können, war der ehemalige französische Kriegsminister Michel Chamillart (1652–1721), der mit der Angelegenheit befasst gewesen war. Doch er hat das brisante Geheimnis mit ins Grab genommen. Verschwörungstheorien sind hingegen äußerst langlebig.

„Das Unglück überhäuft uns aufs Neue" – drei tragische Todesfälle

Kaum hatte der Hof die Trauerkleidung abgelegt, da schlug der Tod erneut zu. Marie Adelaide, die junge Frau des Thronfolgers, starb am 12. Februar 1712 an den Folgen einer Masernerkrankung. Alle waren erschüttert, auch Liselotte, die ihrer Tante Sophie nur zwei Tage später vom Tod der Dauphine berichtete und keinen Zweifel daran ließ, wer auch diesmal die Schuld daran trug: „Wir sind hier voller Betrübnis, denn vorgestern Abend um dreiviertel auf neun ist die arme Madame la Dauphine verschieden. Ich bin überzeugt, dass die Doktoren die arme Prinzess ums Leben gebracht haben, als ich es E. L. hier sage. Sie hatten ihr ein Fiebermittel gegeben (Milady Kent), da fing sie sehr an zu schwitzen. Man hatte aber die Geduld nicht, den Schweiß abzuwarten: Inmitten im Schweiß, da sie schon ganz von den Röteln ausgeschlagen war, setzt man sie in warm Wasser und lässt sie zum vierten Mal zur Ader. Da schlug die Röte wieder ein. Nun ist alles aus. Ich kann den König nicht ansehen, ohne dass mir die Tränen in die Augen kommen. Er ist in einer solchen Betrübnis, dass es einen Stein erbarmen möcht."

Nur wenige Tage später musste der Hof einen weiteren, offensichtlich noch schwereren Schicksalsschlag verkraften: Der junge Dauphin, der sich bei seiner Gemahlin angesteckt hatte, starb am 18. Februar im Alter von 29 Jahren: „Das Unglück überhäuft uns aufs Neue, denn der gute Monsieur le Dauphin ist seiner Gemahlin gefolgt und heute morgen um halb neun verschieden", teilte Liselotte ihrer Tante mit. „Es ist ein abscheulicher Verlust vor das ganze Königreich, denn es war ein tugendsamer, gerechter Herr, verständig. Ich konnte keinen größeren Verlust tun." Doch der Königsfamilie stand noch ein weiterer Verlust bevor. Der 1707 geborene Sohn des Dauphin erlag am 8. März 1712 mit nur fünf Jahren der gleichen Krankheit. Für Frankreich war das eine Katastrophe, denn innerhalb eines knappen Jahres hatte der Tod drei Thronfolger hingerafft: Sohn, Enkel und Urenkel Ludwigs XIV. Jetzt ruhten alle Hoffnungen auf dem zweijährigen Louis, dessen Leben ebenfalls am seidenen Faden hing und anscheinend nur aufgrund des beherzten Eingreifens seiner verständigen Kinderfrau Charlotte de Ventadour gerettet werden konnte. Das jedenfalls war Liselottes Ansicht, wie sie am 10. März 1712 auch in ihrem Brief an Sophie zum Ausdruck kam: „Die Doctoren haben wieder denselben Fehler begangen wie bei Madame la Dauphine", kommentierte sie den Tod des fünfjährigen Bruders Louis'. „Und was wohl weist, dass sie diesen Dauphin auch ums Leben gebracht haben, ist, dass sein Brüderchen eben dieselbe Krankheit hat, aber weil die neun Doctoren mit dem Ältesten beschäftigt waren, haben sich des Jüngsten Mägd mit dem Prinzen eingesperrt und haben ihm ein wenig Wein mit Biscuit gegeben; gestern, weil das Kind stark Fieber hatte, haben sie ihn auch zur Ader lassen wollen, aber Madame de Ventadour und Madame de Villefort haben sich den Doctoren stark widersetzt und es durchaus nicht leiden wollen, haben ihn nur hübsch warmgehalten. Dieser ist gottlob durch der Doctoren Schand gerettet, wäre gewiss auch gestorben, wenn man die Doctoren hätte gewähren lassen." Natürlich ist nicht auszuschließen, dass der Körper des kleinen Louis der schweren Krankheit einfach mehr Widerstandskraft entgegenzusetzen hatte als sein älterer Bruder. Für Liselotte stand jedoch fest, dass er sein Leben einzig und allein Madame de Ventadour zu verdanken hatte, jener Hofdame, die seinerzeit als Zeugin an dem peinlichen Gespräch mit der Maintenon teilgenommen und möglicherweise sogar die Versöhnung herbeigeführt hatte. Sie, die sich seit seiner Geburt um den kleinen Prinzen gekümmert hatte, wurde in den nächsten Jahren zur liebevollen Ersatzmutter, der der spätere Ludwig XV. mit großer Verehrung und Dankbarkeit begegnete, bis seine frühere Gouvernante 1744 im hohen Alter von 90 Jahren verstarb.

Dass Louis die Masernerkrankung überlebt hatte, war für Liselotte mehrfacher Anlass zur Freude. Es wäre ihr schon sehr zu Herzen gegangen, hätte Ludwig XIV. auch seinen letzten Urenkel verloren. Die Folgen, auch für ihren Sohn, mochte sie sich gar nicht ausdenken. Schon nach dem Tod des Thronfolgerpaars hatte es nämlich Gerede gegeben: „Böse Gerüchte haben sich durch ganz Paris ausgebreit, mein Sohn habe den Dauphin und die Dauphine vergiftet", verriet sie in ihrem Brief an Sophie vom 20.

Februar 1712. Ein solches Gerücht kam nicht von ungefähr, denn wenn es tatsächlich keinen legitimen Thronfolger mehr gegeben hätte, wäre vermutlich der Neffe Ludwigs XIV. König von Frankreich geworden, Philipp II. von Orléans. Allerdings lebte zu diesem Zeitpunkt abgesehen von Louis auch noch der dritte Sohn des Grand Dauphin, der 1668 geborene Karl, Herzog von Berry. Er starb jedoch 1714 an inneren Blutungen, die er sich bei einem Reitunfall zugezogen hatte.

Da das Thronfolgerpaar nachweislich an den Masern gestorben war, hörte das Gerede schon bald wieder auf, zumal auch der König selbst offenbar keinen Verdacht hegte: „Der König traktiert (behandelt) meinen Sohn sehr wohl", schrieb Liselotte am 12. April 1712. „Das macht mich hoffen, dass die Lügen keinen Eindruck bei I. M. hinterlassen haben." Eine Obduktion des Thronfolgerpaares räumte auch den letzten Zweifel aus, dass möglicherweise Gift im Spiel gewesen sein könnte.

„Ma tante war mein einziger Trost" – Sophies Tod

Wenig später feierte Liselotte ihren 60. Geburtstag. Sie war alt geworden, eine übergewichtige, schwerfällige Matrone, die offenbar schon unter Herzproblemen litt. In ihrem Brief an Sophie vom 10. Dezember 1712 entwarf sie ein schonungsloses Bild von sich selbst: „Nun bin ich alt und schwer, das gibt große Veränderung. Ich bin gewiss, wenn ich so glücklich wäre, wenn E. L. mich an einem Ort sehen könnten, so Sie nicht vermuten, dass ich da wäre, würden Sie mich unmöglich kennen. Meine verrunzelte Augen, meine hängende große Backen, meine schneeweiße Haar, meine Höhle zwischen den Ohren und Backen und mein groß doppelt Kinn würde E. L. gar nicht an Liselotte erinnern ... Mein Bein sind mehr als dick, denn sie sind sehr geschwollen."

Diese Probleme kannte Sophie von Hannover nicht. Sie war inzwischen 82 Jahre alt, immer noch sehr schlank und erfreute sich bester Gesundheit. Und es schien sogar noch etwas Bedeutendes vor ihr zu liegen: Während es Ernst August 1692 gelungen war, die

Kurwürde zu erringen und damit in den Kreis der bedeutendsten deutschen Fürsten aufzusteigen, hatte die verwitwete Sophie sogar die reelle Chance, Königin von England zu werden. Nachdem feststand, dass die letzte protestantische Stuart-Königin ohne leibliche Erben bleiben würde, hatte das englische Parlament 1701 den *Act of Settlement* erlassen und Sophie von Hannover zur Thronerbin ernannt. Sie war das letzte noch lebende Kind von Elisabeth Stuart und besaß vor allem die richtige Konfession. Anderenfalls hätte auch Liselotte zu den Prätendenten gehört, durch ihre Konversion zum Katholizismus war diese Möglichkeit aber nun nicht mehr gegeben.

Doch auch Sophie schaffte es nicht mehr. Nur wenige Wochen vor dem Tod der englischen Königin Anna starb die 83-Jährige am 8. Juni 1714 völlig überraschend während eines Spaziergangs in ihrem geliebten Garten von Herrenhausen. Als die traurige Nachricht den französischen Hof erreichte, wusste man zunächst nicht, wie man Liselotte den Tod ihrer über alles geliebten Tante beibringen sollte. Sophie von Hannover war nicht nur ihre Ersatzmutter und beste Freundin gewesen, sondern auch eine kluge und lebenserfahrene Ratgeberin, die ihr in manch schwieriger Situation geholfen hatte. Nun hatte sie diesen „Fels in der Brandung" für immer verloren. Als sie von Sophies Tod erfuhr, brach Liselotte völlig zusammen und war tagelang nicht in der Lage, einen klaren Gedanken zu fassen, geschweige denn einen Brief zu formulieren. Erst am 1. Juli 1714 fand sie die Kraft, ihrer Halbschwester Louise von ihrer körperlichen Reaktion auf das erschütternde Ereignis zu berichten. Die Raugräfin war jetzt ihre einzige nahe Verwandte aus Deutschland: „Ich weiß selber nicht mehr, ob ich Euch geschrieben habe, liebe Louise, wie ich dieses Unglück erfahren und wie mans mir durch meinen Beichtvater hat ankündigen lassen. Es kam mir ein Zittern an, als wenn man in einem starken Fieber den Frost hat, ich wurde auch dabei bleich wie der Tod, war wohl eine Viertelstunde ohne Weinen, aber der Atem fehlte, mir war, als wenn ich ersticken müsste. Hernach kamen die Tränen häufig und währten Tag und Nacht, danach wurde ich wieder trocken und erstickte, bis die Tränen wieder häufig kamen. Das hat so bisher gewährt. Was mich wunder nimmt ist, dass ich so gesund dabei bleibe, denn ich bin gar nicht krank."

Um seine trauernde Schwägerin ein wenig abzulenken, schlug der König vor, gemeinsam zur Jagd zu gehen, doch Liselotte lehnte sein Angebot ab, „denn ich kann an nichts in der Welt Lust nehmen." Sie hatte nur einen einzigen Trost: Tante Sophie war so gestorben, wie sie es sich gewünscht hatte: „Es muss ein Schlagfluss gewesen sein, so unser abscheulich Unglück verursachet, aber wie Ihr gerecht sagt, es war des Höchsten Wille, die Kurfürstin abzufordern. Die zu Gott gehen, sind nicht zu beklagen, aber die, die noch bleiben in dieser bösen, unleidlichen Welt. Ach Gott, mir selber hatte ma tante oft geschrieben, dass sie einen schleunigen Tod vor den besten halte, und dass es eine schlechte Sache sei, wenn man im Bett stirbt, den Pfarrer oder Priester auf der einen Seit hat und den Doctor auf der anderen Seite und können doch nichts helfen …" Dennoch war Liselotte zutiefst verzweifelt: „In dieser Welt ist I. L. selig nichts zu vergleichen. Mein Gott, liebe Louise, wie kann ich mich unmöglich von diesem Unglück wieder erholen? Ma tante war mein einziger Trost in allen Widerwärtigkeiten hier; sie machte mir mit ihren lustigen Briefen alles leicht, was mich auch am betrübtesten gedeucht hat; sie hat mir dadurch bisher das Leben erhalten … Ich bin niemand nichts nutz und mir selber beschwerlich."

Leider ist von Sophies „lustigen Briefen" kein einziger erhalten geblieben. Auf Wunsch ihres ältesten Sohnes Georg Ludwig, der im September 1714 als Georg I. den englischen Thron bestieg, hat Liselotte alle Briefe verbrannt, in denen vom Hause Hannover die Rede war. Die anderen sind verschollen. Doch aus den zahlreichen noch vorhandenen Schreiben Sophies, unter anderem an ihre Enkelin Sophie Dorothea, als Gemahlin Friedrich Wilhelms I. inzwischen preußische Königin, lässt sich unschwer ein mit Empathie und Lebensklugheit gepaarter Humor erkennen. Immer wieder streute Sophie heitere Anekdoten ein, wenn es galt, betrübte Adressaten aufzuheitern und zu trösten. Und genau das wird auch Liselotte so sehr geschätzt haben.

Die Serie der Todesfälle riss nicht ab: „Unser König ist nicht wohl“, schrieb Liselotte am 15. August 1715 an Raugräfin Louise, „ich bin halb krank vor Angst, ich verliere den Appetit darüber und den Schlaf.“ Der vorzeitige Tod so vieler Familienangehöriger war an dem Sonnenkönig nicht spurlos vorübergegangen. Der 74-Jährige wirkte stark gealtert und mitunter auch ein wenig verwirrt. Die „Sonne“ ging unter und alle wussten, dass die Tage des Königs gezählt waren. Auf dem Sterbebett sagte er zu Liselotte: „Ich habe Euch immer geliebt Madame, mehr als Ihr selbst glaubtet und es tut mir leid, wenn ich Euch manchmal Kummer gemacht habe.“ Am 1. September 1715 tat Ludwig XIV. seinen letzten Atemzug. Mit ihm endete eine Ära, die einst so glamourös begonnen hatte, deren Glanz jedoch längst verblasst war. Die Trauer der Untertanen, die für die fast ununterbrochenen Kriege hatten bluten müssen, hielt sich daher in Grenzen. Liselotte jedoch vergoss bittere Tränen um ihren alten Freund, mit dem sie sich nach Jahren der Entfremdung wieder völlig ausgesöhnt hatte.

Madame de Maintenon verließ den Hof und zog sich in das von ihr geleitete Mädchenpensionat Saint-Cyr zurück, wo sie ihre letzten Lebensjahre verbrachte und schließlich auch gestorben ist. Trotz allem hielt es Liselotte für angemessen, ihrer ehemaligen Todfeindin einen Kondolenzbesuch abzustatten: „Nach dem Tod des Königs bin ich nach Saint-Cyr gefahren und habe dort Madame de Maintenon besucht“, schrieb sie am 15. Dezember 1715 an Karoline von Wales. Die geborene Prinzessin von Ansbach-Bayreuth war die Schwiegertochter des neuen englischen Königs Georg I., die gemeinsam mit ihrem Gemahl Georg August ebenfalls in London lebte. Der Briefkontakt war durch Raugräfin Louise zustande gekommen, die unlängst eine Stellung als Gesellschaftsdame am englischen Hof erhalten hatte. Weiter heißt es in Liselottes Brief: „Sie fragte mich, wie ich in ihre Kammer kam: Madame, was führt Sie hierher? Ich sagte: Ich möchte mit dem Menschen, den der König am meisten geliebt hat, zusammen um den König weinen, um den ich so sehr trauere. Sie sagte: O ja, es stimmt, dass er mich sehr geliebt hat, aber Sie liebte er auch sehr. Ich antwortete: Er tat mir die Ehre, mir zu sagen, dass er mir stets seine Freundschaft bewahrt hätte. Obwohl man alles, was man hat tun können, getan hat, um mich bei ihm verhasst zu machen. Ich habe damit weisen wollen, dass ich alles wohl weiß, aber doch, weil ich eine Christin bin, meinen Feinden vergeben könne …"

Diese Zeilen beweisen, wie brüchig die „Waffenruhe" tatsächlich war, die Liselotte nach Monsieurs Tod mit der Maintenon geschlossen hatte. Auch wenn sie es so hinstellte – sie hat ihr natürlich nicht verziehen. Als die ehemalige Mätresse am 14. April 1719 starb, schrieb Liselotte schadenfroh: „An diesem Morgen erfahre ich, dass die alte Maintenon verreckt ist, gestern zwischen vier und fünf Uhr abends. Es wäre ein großes Glück gewesen, wenn es vor etlich und 30 Jahren geschehen wäre." Dem ist wohl nichts hinzuzufügen.

Ludwig XIV. war tot. Wie sollte es nun weitergehen? Da der neue König erst fünf Jahre alt war, wurde Liselottes Sohn dem Minderjährigen als Regent zur Seite gestellt, und so war Philipp II. von Orléans jetzt der mächtigste Mann in Frankreich, so wie es Ludwig XIV. kurz vor seinem Tod bestimmt hatte.

Freud und Leid

Liselotte war stolz auf die exponierte Position ihres Sohnes, ohne sich jedoch in dessen Regierungsangelegenheiten einzumischen. Die Regentschaft Philipps von Orléans beendete die „bleierne Zeit", die Frankreich in den letzten Jahren bedrückt hatte, und brachte ein wenig frischen Wind. Er lockerte die strenge höfische Etikette, gewährte den Untertanen eine gewisse Meinungsfreiheit in religiösen und politischen Fragen. Versailles wurde als großes Machtzentrum aufgegeben, der „Regierungssitz" nach Paris ins Palais Royal verlagert. Entscheidende Veränderungen konnte Philipp während seiner Regentschaft jedoch nicht durchsetzen.

Liselotte pendelte auch weiterhin zwischen Paris und Saint-Cloud, „ein Ort, der mir so lieb und wert ist, denn es ist der

Das 1682 fertiggestellte Schloss Versailles war nicht nur das neue französische Machtzentrum, sondern auch die „Bühne“ Ludwigs XIV., auf der er seinen gesamten Hof um sich scharte. Das Leben hier war von strengster Etikette geregelt, der sich weder die Höflinge noch die Mitglieder der königlichen Familie entziehen konnten.

schönste von der Welt“. Das Wohlergehen ihrer Kinder und Enkelkinder beschäftigte die alternde Dame am meisten. Dabei stand ihre Tochter Elisabeth Charlotte ganz im Fokus der Aufmerksamkeit, mit deren Ehe es nicht zum Besten stand. Seit Herbst 1715 hatte Herzog Leopold ein Verhältnis mit der verheirateten Madame de Craon, was Liselotte gleich doppelt verärgerte, wie sie am 19. März 1716 ganz offen an Karoline von Wales schrieb: „Meine Tochter lässt sich nichts merken, aber sie leidet oft innerlich, das kann nicht anders sein, sie liebt ihre Kinder gar zu sehr und das Mensch, das der Herzog so lieb hat und ihr Mann lassen ihr keinen Heller, ruinieren ihn ganz. Craon ist ein verfluchter falscher Hahnrei. Der Herzog von Lothringen weiß wohl, dass meine Tochter alles weiß, aber ich glaube, dass er ihr Dank weiß, dass sie ihn nicht darum plagt, sondern alles mit Geduld aussteht, denn er lebt mit ihr wohl und sie hat ihren Herrn so herzlich lieb, dass, wenn er ihr nur ein paar gute Worte gibt, ist sie ganz wohl zufrieden und lustig."

Ein Jahr später konnte Liselotte, die ihre Tochter seit 18 Jahren nicht mehr gesehen hatte, die inzwischen 42-Jährige endlich wieder in die Arme schließen: „Meine lothringischen Kinder sind vergangenen Freitag glücklich hier angelangt", schrieb sie am 20. Februar 1718 an Raugräfin Louise. „Meine Tochter war in solch erschreckenden Freuden, dass sie ganz aus sich selber war. Ich habe sie nicht viel verändert gefunden, aber ihren Herrn abscheulich ... ganz braunrot und dicker als mein Sohn." Ihre lothringischen Enkelkinder, der zehnjährige Franz Stephan, die siebenjährige Elisabeth Therese, der ein Jahr jüngere Karl Alexander Emanuel sowie das „Nesthäkchen" Anna Charlotte, das 1714 geboren wurde, waren allerdings in Lunéville geblieben. Liselotte lernte sie erst kurz vor ihrem Tod kennen. Leider sind keine weiteren Einzelheiten über den Besuch bekannt, doch es ist anzunehmen, dass er in schönster Harmonie verlaufen ist.

Während die Lothringer Enkel noch recht klein waren und ihren Eltern keine Probleme bereiteten, hatten die drei ältesten Töchter Philipps von Orléans bereits das Erwachsenenalter erreicht. Doch die 1695 geborene Marie Louise Elisabeth war das Sorgenkind der Familie. Nachdem das erste Kind von Philipp und Marie Françoise mit nur zehn Monaten gestorben war, war die zweitgeborene Tochter ganz besonders geliebt und verwöhnt worden. Möglicherweise ließen ihr die Eltern zu viele Freiheiten, denn schon im jugendlichen Alter soll die Prinzessin etliche amouröse Abenteuer gehabt haben, die ihr den unschönen Namen „Messalina von Frankreich" eingebracht hatten. Man hatte es daher für ratsam befunden, die erst 15-Jährige zu verheiraten. Auf Wunsch des Königs trat sie 1710 mit Karl, dem Herzog von Berry (1686–1714), dem dritten Sohn des Dauphins, vor den Traualtar. Doch die Ehe stand unter keinem guten Stern. Alle drei Kinder, die Marie Louise Elisabeth zur Welt brachte, starben eines frühzeitigen Todes. Als auch ihr Gatte Karl im Juli 1714 einen schweren Reitunfall nicht überlebte, verlor die

Prinzessin offenbar den letzten Halt. Sie stürzte sich kopfüber ins Vergnügen, feierte in ihrem Pariser Palais du Luxembourg mit wechselnden Liebhabern orgiastische Feste und musste sich als „lustige Witwe" verspotten lassen. Dabei war sie tief in ihrem Inneren todunglücklich und litt, wie man heute vermutet, ganz offensichtlich an Bulimie, einer krankhaften Ess-Brech-Sucht. Am 14. Dezember 1710 hatte Liselotte in einem Brief an Raugräfin Louise über ihre Enkelin folgendes berichtet: „Es kam ihr aber ein erschrecklich Erbrechen an; aber es ist kein Wunder, sie hat zwei Stund ohne Aufhören in der Comédie allerhand Wüsteneien gefressen, Pfirsiche in Karamel, Kastanien, Preiselbeeren und Johannisbeeren, getrocknete Kirschen … hernach Fisch gegessen an der Tafel, darüber getrunken. Es wurde ihr übel, sie wollte sich verhalten, wurde ganz ohnmächtig. Heute ist sie wieder frisch und gesund, aber mit ihrem dollen Fressen wird sie sich doch einmal brav krank machen denn sie will nicht glauben, was man ihr sagt." Dass es sich tatsächlich um den Hilfeschrei einer gequälten Seele handelte, konnte im 18. Jahrhundert noch niemand wissen.

Liselotte sollte Recht behalten. Marie Louise Elisabeth wurde tatsächlich krank und starb am 21. Juli 1719 im Alter von knapp 24 Jahren. Todesursache war vermutlich eine Blutvergiftung, verursacht durch eine Entzündung der vereiterten Gallenblase. Zwei Tage später berichtete Liselotte ihrer Halbschwester Louise vom tragischen Tod der Enkelin: „Die arme Duchesse von Berry ist gestorben … Sie ist ganz ruhig und getrost gestorben, sagte, weil sie sich mit dem lieben Gott wieder versöhnt hatte, begehre sie nicht, länger zu leben, denn in dieser Welt könne man sich doch gar nicht davor hüten, sich gegen Gott zu versündigen. Wollte also lieber sterben als genesen. Sie soll gar sanft gestorben und wie ein Licht ausgegangen sein, wie man einschläft … Natürlicherweise sollte ich trauern, weil sie mein Kind und Enkel gewesen ist …" Es hat den Anschein, als sei Liselotte heimlich erleichtert gewesen, dass die junge Frau endlich ihren Frieden gefunden hatte.

Während Marie Louise Elisabeth ein skandalumwittertes Leben geführt hatte, schlug ihre Schwester Louise Adelaide (1698–1743) den umgekehrten Weg ein, allerdings auch nicht unbedingt zur

Freude ihrer Großmutter: Die Prinzessin trat ins Kloster ein. Am 23. August 1718 schrieb Liselotte an Karoline von Wales: „Ich habe das Herz heute ganz schwer, wenn ich gedenke, dass unsere arme Mademoiselle d'Orléans heute die Profession tut (das Gelübde ablegt). Ich habe ihr alles vorgestellt, was ich habe erdenken können, sie von diesem verteufelten Vorsatz abzuhalten, aber es hilft nichts." Doch Marie Adelaide hatte ihre Lebensaufgabe gefunden. Nur ein Jahr, nachdem sie in das östlich von Paris gelegene Kloster Chelles eingetreten war, wurde sie bereits zur Äbtissin ernannt.

Am Ende des Lebens

In ihren letzten Lebensjahren litt Liselotte zunehmend unter den Beschwerden des Alters. Das Herz bereitete Probleme, nahm ihr die Luft zum Atmen, und immer wieder quälten sie starke Kopfschmerzen. Auch das Gehen fiel ihr schwer. Am 20. Dezember 1721 schrieb sie an Raugräfin Louise: „Ich steige keine Stiege mehr, man trägt mich in der Chaise nauf, kann also gar nicht müde werden." Beine und Füße waren stark geschwollen und es bildeten sich offene Stellen, die sehr schmerzhaft waren: „Ich bin weit davon, liebe Louise, weder ganz gesund zu sein. Weder Medizinen noch Wermut-Wein hilft nichts. Man sagt mirs nicht, aber ich sehe wohl, dass man fürcht, dass aus der Geschwulst an meinen Beinen eine Wassersucht werden wird, welches wohl auch geschehen könnte, weilen I. G. meine Mutter daran gestorben. Stirb ich an der Wassersucht, so stirb ich an keiner anderen Krankheit." Als Liselotte am 8. August 1722 diese Zeilen an Louise schrieb, war sie dem Tod schon sehr nahe. Doch sie konnte und wollte nicht aus dem Leben scheiden, ohne ihre Tochter noch einmal wiedergesehen zu haben. Anlass war die Krönung des zwölfjährigen Ludwig XV., die am 25. Oktober 1722 in der Kathedrale von Reims stattfinden sollte. Liselotte war fest entschlossen, die Strapazen dieser Reise noch einmal auf sich zu nehmen, wie sie am 3. Oktober schrieb: „Von meiner Gesundheit kann ich mich noch nicht sehr rühmen, die Gall rast noch immer fort, liebe Louise, ich hoffe aber, dass die Veränderung

Bis zu ihrem Tod lebte Liselotte im geliebten Saint-Cloud, das heute leider nicht mehr existiert. Philipp von Orléans hatte das Schloss, das Corneille als „das schönste von ganz Frankreich" bezeichnete, zu einem wahren Schmuckstück ausbauen lassen. Doch an den aufwändigen Festlichkeiten, die Monsieur hier veranstaltete, nahm Liselotte nur selten Teil. Lieber zog sie sich in ihre Gemächer zurück, um Briefe an die Verwandtschaft zu schreiben. – Gemälde von E. Allegraine aus dem 17. Jh.

von Luft und tägliche Bewegung mir besser bekommen wird. Von Reims hoffe ich Euch berichten zu können, wie mir die Reis bekommen ist. Meine Tochter wünscht unerhört, mich zu sehen und mir ihre Kinder zu weisen, ich fürcht aber, dass sie erschrecken wird, wenn sie mich in dem elenden Stand sehen wird, worinnen ich bin, ohne gehen zu können; ich bin erschrecklich mager geworden und habe keinen Atem mehr, kann auch nicht essen …"

Liselottes Umgebung riet ihr dringend von der anstrengenden Reise ab und warnte vor den Gefahren für Leib und Leben. Doch sie schlug alle gut gemeinten Mahnungen in den Wind und vertraute stattdessen ihrer alten Hofdame, der Marschallin von Clérembault. Die nämlich hatte anhand ihres geheimnisvollen Systems aus Zahlen und „Pünktchen“ einen „Blick in die Zukunft“ geworfen und Liselotte mit den Worten beruhigt: „Fahren Sie in aller Ruhe, Madame. Mir geht es gut.“ Was die Clérembault gesehen haben wollte, klang beruhigend: Solange die alte Hofdame lebe, könne auch Liselotte nichts geschehen.

Am 12. Oktober machte sich Liselotte mit ihrer Entourage auf den Weg ins rund 150 km entfernte Reims. Hier traf sie wie geplant mit ihrer Tochter zusammen und lernte endlich auch die vier lothringischen Enkelkinder kennen. Die feierliche Krönungszeremonie in der Kathedrale von Reims war das letzte bedeutende Ereignis in ihrem Leben. Nachdem sie Anfang November nach Saint-Cloud zurückkehrt war, fühlte sie sich matt und erschöpft. Und als die Marschallin von Clérembault drei Wochen später im Alter von 88 Jahren starb, ahnte Liselotte, dass auch ihr letztes Stündlein bald schlagen würde: „Die Wassersucht, die erst spät bemerkbar wurde, machte in wenigen Tagen solche Fortschritte, dass sich Madame mit großer Aufrichtigkeit zum Sterben rüstete“, notierte Saint-Simon in seinen Erinnerungen. Es war ein großer Trost, dass ihr geliebter Sohn in diesen schweren Stunden nicht von ihrer Seite wich.

Der Tod ereilte Liselotte am 8. Dezember 1722 um vier Uhr morgens in ihrem geliebten Saint-Cloud. Sie war 70 Jahre alt geworden. So wie sie es testamentarisch festgelegt hatte, wurde auf eine Autopsie verzichtet und der Leichnam „ohne jeden Trauerpomp“ in der Grablege von Saint-Denis beigesetzt.

Der höfische Beobachter und Chronist Saint-Simon hat in seinen Erinnerungen so etwas wie einen Nachruf auf die Verstorbene verfasst: „Madame glich mehr einem Mann als einer Frau. Sie war kräftig, mutig, durch und durch deutsch, offen und geradezu, gut und wohltätig, nobel und groß in ihrem ganzen Gehabe, aber ungeheuer kleinlich, was die ihr gehörende Achtung anbetraf. Sie war ungesellig, meist mit Schreiben beschäftigt, abgesehen von den kurzen Stunden, in denen sie Empfänge gab; im übrigen blieb sie mit ihren Damen allein. Hart und rau fasste sie leicht Abneigung gegen jemanden und wurde gefürchtet wegen der bösen Bemerkungen, die sie zuweilen über ihre Umgebung zu machen pflegte, keinerlei Entgegenkommen, keinerlei Witz, obwohl es ihr an Geist nicht fehlte, keine Geschmeidigkeit und, wie gesagt, eifersüchtig auf alles, was man ihr an Ehrerbietung schuldete. Äußere Erscheinung und bäuerisches Betragen wie die Schweizer, und dennoch der zärtlichsten und unverbrüchlichsten Freundschaft fähig.“ Saint-Simon muss Liselotte von der Pfalz wirklich gut gekannt haben.

Quellen- und Literaturverzeichnis

(in Auswahl)

ARNDT, Johannes, Der Dreißigjährige Krieg 1618–1648, Stuttgart 2009

BENZ, Richard, Heidelberg. Schicksal und Geist, Sigmaringen 1975

BERNIER, Oliver, Ludwig XIV. Die Biografie, Düsseldorf 2003

BILZER, Bert, Meister malen Mode, Braunschweig 1961

BODEMANN, Eduard (Hg.), Briefwechsel der Herzogin Sophie von Hannover mit ihrem Bruder Karl Ludwig von der Pfalz, Leipzig 1884

BOEHN, Max von, Die Mode. Eine Kulturgeschichte vom Barock bis zum Jugendstil, München 1976

BUCKLEY, Veronica, Madame de Maintenon, Berlin 2012

BURKE, Peter, Ludwig XIV. Die Inszenierung des Sonnenkönigs, Frankfurt/M. 1995

CRAVERI, Benedetta, Königinnen und Mätressen. Die Macht der Frauen – von Katharina de Medici bis Marie Antoinette, München 2008

DICKMANN, Fritz, Der Westfälische Frieden, Münster 1965

DUCHHARDT, Heinz, Das Reich und die europäische Staatenwelt 1648–1806, München 1990

ELIAS, Norbert, Die höfische Gesellschaft, Darmstadt – Neuwied 1969

FEHLE-BURGER, Lili, Königliche Frauenschicksale zwischen England und der Kurpfalz, Mannheim 1965

FEUERSTEIN-PRASSER, Karin, Sophie von Hannover. „Wenn es die Frau Kurfürstin nicht gäbe", Regensburg 2004

FINDEISEN, Jörg-Peter, Der Dreißigjährige Krieg. Eine Epoche in Lebensbildern, Graz–Wien–Köln 1998

FINK, Oliver, Kleine Heidelberger Stadtgeschichte, Regensburg 2005

FRESE, Anette, Der Winterkönig. Heidelberg zwischen höfischer Pracht und Dreißigjährigem Krieg. Ausstellungskatalog, Remshalden 2004

GEERDS, Robert, Die Mutter der Könige von Preußen und England. Memoiren und Briefe der Kurfürstin Sophie von Hannover, Leipzig 1913

GÖTZE, Jochen, Das Heidelberger Schloss, Heidelberg 1988

HAMANN, Brigitte (Hg.), Die Habsburger. Ein biografisches Lexikon, Wien 2001

HANKEN, Caroline, Vom König geküsst. Das Leben der großen Mätressen, Berlin 1996

HARTMANN, Peter C., Geschichte Frankreichs. Vom Mittelalter bis zur Gegenwart, München 2015

DERS., Französische Könige und Kaiser der Neuzeit, München 2006
HAUCK, Karl, Karl Ludwig Kurfürst von der Pfalz, Leipzig 1903
HUBATSCH, Walther, Das Zeitalter des Absolutismus 1600–1789, Braunschweig 1962
KIESEL, Helmut (Hg.), Briefe der Liselotte von der Pfalz, Berlin 1981
KNOOP, Mathilde, Madame. Liselotte von der Pfalz, Stuttgart 1956
KOCH, Ernst, Das konfessionelle Zeitalter. Katholizismus, Luthertum, Calvinismus, Leipzig 2000
KOLLNIG, Karl, Kurpfalz. Ereignisse und Gestalten, Heidelberg 1986
KOSSOK, Manfred, Am Hofe Ludwigs XIV., Stuttgart 1990
KÜNZEL, Karl (Hg.), Die Briefe der Liselotte von der Pfalz, Ebenhausen 2013
LANGE, Leopold, Raugräfin Louise, zweite Gemahlin des Kurfürsten Karl Ludwig von der Pfalz, Heidelberg 1908
LEBIGRE, Arlette, Liselotte von der Pfalz. Eine Wittelsbacherin am Hofe Ludwigs XIV., Düsseldorf 1992
Liselotte von der Pfalz, Die Briefe der Elisabeth Charlotte von der Pfalz, Duchesse d´ Orléans, Ebenhausen 1958
Liselotte von der Pfalz, Madame am Hofe des Sonnenkönigs, Ausstellungskatalog Heidelberg 1996
MOERS-MESSMER, Wolfgang von, Heidelberg und seine Kurfürsten. Die große Zeit der Geschichte Heidelbergs als Haupt- und Residenzstadt der Kurpfalz, Ubstadt-Weiher 2001
SAINT-SIMON, Herzog von, Louis de Rouvroy, Die Memoiren des Herzogs von Saint-Simon, Frankfurt/Main 1977
SCHNATH, Georg (Hg.), Briefwechsel der Kurfürstin Sophie von Hannover mit dem preußischen Königshause, Berlin–Leipzig 1927
SCHREIBER, Hermann, Auf den Spuren der Hugenotten, München 1983
DERS., Die Stuarts, München 1999
SCHULZ, Uwe, Versailles. Die Sonne Frankreichs, München 2002
STURMBERGER, Hans, Aufstand in Böhmen. Der Beginn des Dreißigjährigen Krieges, München 1959
TRAUSCHKE, Martina, Memoiren der Kurfürstin Sophie von Hannover. Ein höfisches Lebensbild, Göttingen 2014
TREFFER, Gerd, Die französischen Königinnen, Regensburg 2001
van der CRUYSSE, Dirk, „Madame sein ist ein ellendes Handwerck". Liselotte von der Pfalz, eine deutsche Prinzessin am Hofe des Sonnenkönigs, München 1995
VETTER, Roland, „Die ganze Stadt ist abgebrannt" – Heidelbergs zweite Zerstörung im Pfälzischen Erbfolgekrieg 1693, Karlsruhe 2009

von der MÜHL, Theodora, Madame de Sévigné. Briefe, Berlin 1979
WENDE, Peter (Hg.), Englands Könige und Königinnen. Von Heinrich II. bis Elisabeth II., München 1998
Der Winterkönig Friedrich von der Pfalz. Bayern und Europa im Zeitalter des Dreißigjährigen Krieges. Katalog zur Ausstellung des Hauses der Bayerischen Geschichte, München 2003
WREDE, Martin, Ludwig XIV. Der Kriegsherr aus Versailles, Darmstadt 2015
ZEDINGER, Renate, Franz Stephan von Lothringen (1708–1765), Monarch, Manager, Mäzen, Wien u. a. 2008
ZIEGLER, Gilette, Der Hof Ludwigs XIV. in Augenzeugenberichten, Düsseldorf 1964

Pfalz-Simmern

Ludwig VI.
(1539–83)
Kf. v. d. Pfalz 1576
⚭ Elisabeth v. Hessen (1539–82)

Friedrich IV.
(1574–1610)
Kf. v. d. Pfalz 1583
⚭ Luise Juliane v. Oranien-Nassau (1576–1644)

Elisabeth Charlotte
(1597–1660)
⚭ Georg Wilhelm
Kf. v. Brandenburg (1595–1640)

Friedrich V.
(1596–1632)
Kf. v. d. Pfalz 1610
„Winterkg." v. Böhmen 1619/20
⚭ 1613

Heinrich Friedrich
(1614–29)

Karl Ludwig
(1617–80)
Kf. v. d. Pfalz
⚭ (1) Charlotte
v. Hessen-Kassel
(1627–86)
⚭ (2) Luise v. Degenfeld
Raugfin. zu Pfalz (1634–77)

Ruprecht
(1619–82)

Moritz
(1621–52)

Luise Hollandine
(1622–1709)
Äbtissin v.
Maubuisson

Eduard
(1625–63)
⚭ Anna
Gonzaga
(1616–84)

Karl (II.)
(1651–85)
Kf. v. d. Pfalz 1680
⚭ Wilhelmine v.
Dänemark
(1650–1706)

Elisabeth Charlotte
(„Liselotte v. d. Pfalz")
(1652–1722)
⚭ Philippe v. Orléans
(1640–1701)

Friedrich
(1653–54)
Pz. v. d. Pfalz

Karl Ludwig
(1658–88)

Karoline Elisabeth
(1659–96)

Luise
(1661–1733)

Ludwig
(*/† 166

Alexander Louis
(1673–76)

Philipp II.
(1674–1723)
⚭ Françoise-Marie
v. Bourbon-Blois
(1677–1749)

Elisabeth Charlotte
(1676–1744)
⚭ Leopold v.
Lothringen (1679–1729)

Demoiselle de Valois
(1693–94)

Marie Louise Elisabeth
(1695–1719)

Louise Adelaide
(1698–1743)

Charlotte Aglaé
(1700–61)

Louis I.
(1713–52)

Louise Elisabeth
(1709–42)

Haus Stuart

Maria Stuart
(1542–87)
Kgin. v. Schottland 1542–67
⚭ (2) Heinrich Stuart Lord Darnley (1545–67)

Jakob I.
(1566–1625)
Kg. v. GB 1603
⚭ Anna v. Dänemark (1574–1619)

Elisabeth Stuart
(1596–1662)

Karl I.
(1600–49)
Kg. v. GB 1625
⚭ Henriette Maria v. Bourbon (1609–69)

weitere Kinder

Sophie
(1630–1714)
Ernst August
. Hannover
(1629–98)

weitere Kinder

Karl II.
(1630–85)
Kg. v. GB 1660
⚭ Katharina v. Braganza
(1638–1705)

Maria
(1631–60)
⚭ Wilhelm II. v. Oranien
(1626–50)

Jakob II.
(1633–1701)
Kg. v. GB 1685–1701
⚭ (1) Anna Hyde
(1637–71)
⚭ (2) Maria Beatrice v. Modena (1658–1718)

Henrietta Anna
(1644–70)
⚭ **Philippe v. Orléans**
(1640–1701)

Marie Louise
(1662–89)

Philippe Charles
(1664–66)

Tochter
(*/† 1665)

Anne Marie
(1669–1728)

Amalie
Elisabeth
663–1709)

Georg Ludwig
(1664–65)

Frederike
(1665–74)

Friedrich Wilhelm
(1666–67)

Karl Eduard
(1668–90)

Sofie
(*/† 1669)

Karl Moritz
(1671–1702)

Karl August
(1672–91)

Karl Kasimir
(1675–91)

hilippine
Elisabeth
1714–34)

Louise Diane
(1716–36)

Franz Stephan
(1708–65)

Elisabeth Therese
(1711–41)

Karl Alexander Emanuel
(1712–80)

Anna Charlotte
(1714–73)

weitere Kinder

Heinrich IV.
Kg. v. Frankreich u. Navarra
(1553–1610)
⚭ (2) Maria de' Medici
(1575–1642)

- Ludwig XIII.
  Kg. v. Frankreich
  u. Navarra
  (1601–43)
  ⚭ Anna
  v. Österreich
  (1601–66)
- Élisabeth
  (1602–44)
  ⚭ Philipp IV.,
  Kg. v.
  Spanien u.
  Portugal
  (1605–65)
- Christine Marie
  (1606–63)
  ⚭ Victor
  Amadeus I.,
  Hzg. v.
  Savoyen
  (1587–1637)
- Henriette Marie
  (1609–69)
  ⚭ Karl I.,
  Kg. v. GB
  (1600–49)
- *weitere*
  Kinder

Kinder von Ludwig XIII.:

- **Ludwig XIV.**
  Kg. v. Frankreich
  u. Navarra
  (1638–1715)
  ⚭ Maria Theresia
  v. Österreich
  (1638–83)
- Philippe
  v. Orléans
  (1640–1701)
  ⚭ (1) Henrietta Anne Stuart
  (1644–70)
  ⚭ (2) **Liselotte v. d. Pfalz**
  (1652–1722)
  Nachkommen: s. Stammtafel S. 134

Kinder von Ludwig XIV.:

- Ludwig
  „Grand Dauphin"
  (1661–1711)
  ⚭ Maria Anna
  v. Bayern
  (1660–90)
- Anne
  Élisabeth
  (*/† 1662)
- Marie
  Anna
  (*/† 1664)
- Marie
  Thérèse
  (1667–72)
- Philippe
  Charles
  Hzg. v.
  Anjou
  (1668–71)
- Louis
  François
  Hzg. v.
  Anjou
  (*/† 1672)

Kinder von Ludwig „Grand Dauphin":

- Louis
  Dauphin, Hzg.
  v. Burgund
  (1682–1712)
  ⚭ Marie Adelaide
  v. Savoyen
  (1685–1712)
- Philipp V.
  Kg. v. Spanien,
  Sardinien, Sizilien
  u. Neapel
  (1683–1746)
  ⚭ Maria Luisa Gabriella
  v. Savoyen (1688–1714)
- Charles
  Hzg. v. Berry
  (1686–1714)
  ⚭ Marie Louise
  Elisabeth
  (1695–1719)

Register

Personen

Orte

Bildnachweis

akg-images: Covermotiv, 34, 41, 49, 128 (De Agostini Picture Lib. / G. Dagli Orti)
Claire Constans / Xavier Salmon, Splendors of Versailles, 1998, S. 59: 65
https://commons.wikimedia.org: 17, 99, 107, 124 (CC BY-SA 3.0 / ToucanWings)
Kurpfälzisches Museum der Stadt Heidelberg: 19
National Library of Scotland: 26
The Yorck Project. 5000 Historische Stadtansichten aus Deutschland: 12/13